Liz Randja

Gouttes d'âme

Poésie

Édition : BoD-Books on Demand,
12/14 rond point des Champs Élysées,
75008 Paris, France
Imprimé : BoD-Books on Demand, Norderstedt, Allemagne
ISBN : 978-2-322-01112-4
Dépôt légal : novembre 2014

Dédié à mes filles Linda et Miriam,
pour le bonheur d'être aimé.

Mon âme s'écoule, cloche d'alarme,
Émoi glissé du ciel, frétillant jusqu'à toi,
Emperlée par de milliers des larmes,
Trébuchant dans une gouttelette de joie…

Je t'aurais aimé

Je t'aurais aimé à la douceur ingénue d'étoile,
Quand de tes yeux chargés, la rosée s'égoutte,
Sous un clair de lune fébrile, efflorant la toile,
La nuit s'effondre, fracassant l'amour en gouttes.

Je t'aurais aimé d'un souffle endormi en cœur,
Submergeant le velours de ma lèvre charnelle
Dans ton secret pétillant, Ô, damnation éternelle,
Lorsqu'une pluie d'émois éveille le bonheur.

Je t'aurais aimé d'un silence arraché au songe,
Tendre murmure au parfum des fleurs égarées,
Tandis qu'une larme tombe en perle désemparée
Aux confins de ta peau, aliénant le désir qui plonge.

Je t'aurais aimé d'un aveu froissé par ton sang,
Emporté au gouffre étroit d'une émotion sablée,
Comme autant des louanges délicates, accablées
De grâce, figées dans l'ombrage mouvant du poing.

Pour toi j'inventerais

Pour toi j'inventerais l'encre d'un mirage,
Murmures tendres, l'étreint d'une romance
Dans une silencieuse attente, sans errance,
Vive mélopée sauvant le bonheur du naufrage.

Le temps jadis reste dans un souvenir éternel,
Sans regret aucun, froid vaincu de l'existence,
Interdit effleurement lié aux fruits de pénitence,
Au bout de ces fils perdus, tissés d'amour charnel.

Pour toi je serais le goût de tous ces secrets,
Vision hallucinante, histoire en douce folie,
Candeur aux doux traits d'un calice d'ancolie,
Sommet d'une passion dans un regard indiscret.

Au pourtour d'un demain ébloui d'un songe,
Tu me tiens la main devant la nuit qui s'anime,
Vouloir d'un dernier désir te retenir jusqu'à la cime,
Quand tu frôles ma peau avec tes ailes d'ange.

Pour toi je purifierais l'aveu à l'orée des cieux,
Tel une étincelle sur la bouche pour l'enflammer,
Et en vagues frissonnantes nos âmes vont s'écumer,
D'une grâce flambante cueillie à la porte des Dieux.

Seule l'émotion, légère, s'élève du bout de doigts,
Sublime paradis en chants des marées éphémères,
Troublé par le roulis d'une promesse qui s'insère
Au-delà des abîmes, où je t'aimerais comme un roi.

Voyage vers un ailleurs

Chacun de ses pas résonnent aux bords des amertumes,
Tout autour, l'air s'abreuve de la douleur de son chagrin,
Quand le chant de la nuit s'éteint en son cœur pérégrin,
Au loin, la nuée noircit l'arrivée de l'aube qui s'embrume.

Elle serre chaque fibre de son nom dans sa main esseulée,
Contre les murs rouillés de tant des rêves fanés, inachevés,
Son cœur s'écoule sous le regard perdu, en silences gravés,
Fuyant le vide ténébreux, assoiffé d'une étincelle miraculée.

Dans les tréfonds de son âme, un dernier cri de solitude,
Au-dessus de ces lueurs aveuglées par l'invisible oubli,
Sursautant de peur dans le labyrinthe d'un corps affaibli,
Qui chute sur des cailloux obscurs, sombrant de lassitude.

Lorsque la lumière l'appelle, elle ne repent sa vie si fade,
Ses ailes s'envolent vers un ciel lavé de ce présent pleuré,
Chevauchant l'élixir éternel d'un sommeil funèbre, effleuré
D'un adieu délirant, d'un ailleurs ou la béatitude gambade.

Détour d'un frôlement de cils

Paupières fermées, au creux du silence qui s'installe,
Le calme m'envahit, posant sa douceur béatement,
M'entraînant dans la torpeur de ses bras, lentement,
Hypnose d'un ailleurs sur le présent qui trimballe.

Ici, quelques secondes de passage, le vent s'assoupit,
Divin clapotis d'une féerie s'abreuvant discrètement,
Dérobant le temps des feuilles mortes, délicatement,
Montrant cette fois l'or en poussière qui s'accroupit.

Évasion soudaine vers l'apothéose de cœurs enlacés,
Comme une louange délicate, sombrant doucement,
Délicieuse extase des mains, qui séduit tenacement,
Volupté de sens ébloui par le désir de draps violacés.

Dans le regard des cieux, ton souvenir m'accueillit,
En ce lieu, une pluie de lumière brille bien fortement,
Berçant l'émotion dans une étreinte, tout simplement,
Indéfinissable rêve, étoile filante que le cœur cueillit.

Il y a eu cet instant, chargé d'un frôlement unique,
Lorsque l'émoi déchire l'infini, rêvant éternellement
D'un bonheur qui vit dans un langoureux ébranlement,
Goût inoubliable, toupillant dans un amour volcanique.

De l'au-delà

Un jour, j'aimerais finir en vagues d'éternité,
En grains de lumière, semant chez toi, l'amour pur,
Car la beauté de l'au-delà va écraser les murs,
Réunissant les âmes, alléguant l'ingénue infinité.

Delà, je serais désir brodé aux bords de tes yeux,
Velours d'une goutte perlée, ondulant dénudée,
Lors sous le soleil l'aube devient rosée échaudée,
Caresse pour t'approcher, dardant tes jours anxieux.

Là, je suis vermeil sur ta lèvre gonflée de silence,
Sourire de passage au cœur de ta tristesse jaspée,
Douceur satinée, je me ferais, sur ta peau crispée,
Frêle fièvre de ces sentiments en recrudescence.

Un jour, de l'au-delà, je serais plus proche de toi,
Et même si mon cœur sera jeté en terre promise,
Ma poussière s'envolera du sol glacé, insoumise,
Aveuglée à dévaler le temps, à ressaisir tes émois.

Sourds frémissements fiévreux

Il est des instants comme des tornades d'érubescence,
Qui aspirent et balayent la douleur au goût ténébreux,
Pliant le vide de ces vies d'errances au fond des yeux,
Pour que l'âme se nourrit de lumière en effervescence.

Souvent il est aussi des jours noirs, des nuits blanches,
Qui s'unissent dans le béant gouffre enneigé du cœur,
Souffles invisibles saignant à vif, frappant accusateur
La foule des fantômes assoiffés de sève en avalanche.

Parfois il est des bonheurs tissés de tant de tendresse,
Nichés aux plis avides d'un sort qui vogue ensorcelé,
Tachant ses pores d'un parfum éternel, fou feu étincelé
D'un émoi embrassant l'abysse d'une coulée d'ivresse.

Au détour d'un nouvel horizon l'inconnu se dévoile,
Nombreux visages affaiblis, tristesse en lames acérées,
Tranchant la nudité de l'âme trempée en voûte éthérée,
Tandis que le dernier cri dérive au loin, écho qui s'entoile.

L'adieu...

Dans mon âme, il y a des murmures sans abîme,
Lumière des anges rebelles, silencieuse allégresse,
Des lueurs brillantes, des regards, des caresses,
Mon monde ne vaut rien sans ceux que j'aime.

Dans mon cœur, il y a l'ondoiement d'une aurore,
La tendresse, l'angoisse, le bonheur, des songes,
Même quand il pleure l'absence, qui saigne et ronge,
Ma vie n'a pas de sens, sans ceux que j'adore.

Aux creux de mes mains, il y a quelques prénoms,
Rayons lumineux qui me guident, doux feu qui déglace,
Chuchotements, un sourire, douceur qui m'enlace,
Tout ce que j'avais vécu, amitié c'est son surnom.

Dans mes yeux, il y a une flamme qui m'éclaircit,
Nostalgie, des souvenirs, l'espoir pour un demain,
Comme l'ancre jetée au gouffre d'un temps certain,
Dans cet océan, déferlent tous ceux que j'apprécie.

Sur mes lèvres, il y a la joie tissée de sentiments,
Des mots, beauté inégalable d'un amour souverain
Que je porte en moi, des secrets qui m'entraînent,
Émotions incontrôlables, grande bonté vraiment.

Mais dans mon âme il y a aussi tant de tristesses,
Trahissant les jours, détour froid d'un soupir versé,
Un vent en pleurs, criant en frissons bouleversés,
Quand au matin l'épine, tristement, la rosée blesse.

Je t'accorderais cette valse

(Dédie à ma fille Miriam le jour de son mariage)

Je t'accorderais cette valse, en doux accord des pas,
Sur cette musique divine, mirages d'une soie écrue,
Mon cœur frémit devant cette joie qui m'est parue,
Tangage à moindre geste, caresses aux creux des
bras.

Je t'accorderais cette valse, roulis au fond des yeux
Dans cette nuit voilée d'étoiles éclairant ma peau,
En chuchotis des mains tout semble si réel et beau,
Lorsque ton cœur vibre à côté du mien, heureux.

Je t'accorderais cette valse, magnificence d'un infini,
Quand je me colle à toi sous l'émoi d'une note
satinée,
Tourbillonnant en courbes, accomplir cette destinée,
Rubans de tendresse sur nos âmes qui se sont réunis.

Je t'accorderais cette valse, modulant sous tes doigts,
Sur cette musique divine que nous avons choyée,
Saveur d'émotions adulées, douce passion romancée
D'un ailleurs qui garde un doux baiser, un peu de toi.

Réinventer la vie

Il y a eu ce temps quand je voulais partir en
hirondelle,
Dans l'obscurité profonde d'une nuit qui glisse
voilée,
Tandis que la paupière égarée se ferme émerveillée
Sous les toits feutrés, éblouie d'une dernière
chandelle.

À la fenêtre des cieux, l'âme s'accoude filtrant la
lumière,
Au couchant, en clin d'œil, une ombre pourprée
éclore,
Souriant au clair de lune, enterrant la douleur qui
picore
Au sein de sombres pensées, apportant l'or à leurs
lisières.

Alors que l'amour se meurt, je réinvente ma vie
froissée,
Les souvenirs fanés se plient au creux des larmes
perlées,
Quand le désir jaillit comme un volcan, de douceur
ourlée,
Aveuglant le gouffre des ténèbres par des étincelles
esquissées.

Les peines gorgées de silences fondent en nuances
nacrée,
Flambant les bribes de plaisirs oubliés, effluves
abandonnées,

Pour renouer l'étrange aveu aux ombres rêveuses, désordonnées,
Vertige d'amour, cru a jamais disparu, sera ma couche sacrée.

Ébauches

Les yeux trempés en ces matins quand tout semble parfait,
Vers l'aube qui ouvre la fenêtre du ciel d'une douce caresse,
Sous le regard d'éternité qui tombe en gouttes d'allégresse,
La rosée rougit d'amour sur le velours du calice qui se
défait.

Épris par les vagues d'émotions, le soleil esquisse l'avenir,
Comme autant de silences délicats qui s'éteignent en
mélopée,
Sur les vastes ombrages où le vent parsème une belle flopée,
Les mots tremblent au bout des doigts qui osent s'épanouir.

L'infini a sur sa peau des frissons qui s'épanchent en songes,
Ondée de toutes ces heures murmurées au long des rives
sablées,
A dire tout simplement ce qu'il y a dans une mémoire
troublée,
Roulant dans leur sang les embruns qui transpirent et
rongent.

Au grès des monts, l'éphémère s'élève déferlant ses soupirs,
Tandis que l'âme dérive par le courant pur des marées
écumées,
Choyant ces perles dentelées, sommet d'une image
embaumée,
Ôtant les maux du regard et d'un sourire lumineux les
guérir.

L'ultime sentence

Les yeux fixés à la lisière des cieux, vers l'au-delà,
Elle regarde les rêves tomber en grains d'étoiles
pleurées,
Accrochée à ce ballet si lent, dans sa tristesse
emmurée,
Tandis que l'obscur de ténèbres son corps perdu
modela.

Le froid des heures noires s'égoutte sur ses jours,
Au sein d'un manque gravé aux fibres de sa peau,
Soufflant frissons, saignant en ondée des maux,
Lors le néant fait battre l'attente dans un tambour.

Dans sa folie, le cœur efface le désert des souvenirs,
Les mots s'écoulent sur la trace d'écumes esseulées,
Pourprant l'océan d'une solitude apparemment
ondulée,
Jusqu'au bout de ses doigts qui frémissent de désirs.

Et quand l'abysse se fige dans son regard éphémère,
La nouvelle aube glisse la rosée aux plis d'une rose
fanée,
Flottant au gré de ses pétales évaporés, beauté
profanée
Par le destin capricieux, âme fissurée par un amour
amer.

Le susurrement sourd d'un violon farde en gris son
être,
Soudant, la douce musique l'envahit par sa candeur,

L'innocence d'une émotion s'évanouit de splendeur,
Éperdue, elle attend la sentence du temps pour
disparaître.

Opalescente âme

Son désir est d'exister encore en belles diaprures,
Hélant le torrent brulant de son corps éphémère,
Afin de s'envoler au dessus de cendres des cratères,
Tombant romancée, tels diamant et rubis en parure.

Sous les toits perlés qui se renversent en tonnelles,
Fiancée à la caresse silencieuse d'un baiser
soupirant,
Son ardeur se dévoile dans l'Eden d'un chant
enivrant,
Prés de sa source pure, elle valse en ondée
émotionnelle.

Une lumière diffuse s'échappe des ombres évincées,
Accueillant le cortège ailé des anges au coin du
regard,
Lorsque leurs parfums s'égouttent sur son visage
hagard,
Elle prie apeurée, déluge des mots vers l'aube
coincée.

Le souffle des cieux creuse sur les confins de
l'existence,
Emerveillant l'obscurité étiolée sous l'aiguille du
vide,
Les chimères s'effilochent à l'orée d'un murmure
limpide,
Et l'âme effeuille, sur le parchemin d'opale, sa
pénitence.

Magie éveillée

Un frêle battement se pose sur les rebords des cieux,
Troublant l'horizon qui pleure ses perles dentelées.
En ces nuits froides blotties dans mon âme écartelée,
Il a fallu si peu pour peindre mes bras dans tes yeux.

Hier, j'ai suspendu le rêve abandonné au creux du lit,
Je ne saurais te dire, ô combien l'étreinte de ta
bouche
A mis les pensées à nues sur ma peau, fièvre qui
touche
Les paupières lourdes de désirs quand l'émoi
tressaillit.

Dans ce silence fragile qui tombe en gouttes
inlassables,
La beauté confuse s'écoule en bruissement des
heures,
La magie se tait, brulant d'une volupté vouée qui
m'effleure
Devant le miroir du néant ombragé d'un baiser
désirable.

Alors que l'Univers s'ancre aux flots d'un rayon
étincelant,
Les frontières rouillées déferlent l'éternité qui
s'évapore,
Tandis que la frénésie du crépuscule rejoint la
délicate aurore,
Les derniers embruns s'élèvent, l'infini devient
époustouflant.

Le temps d'une rencontre

Éprise d'un dément désir qui s'exhibe en mélopée,
Les yeux hagards sur les pas inconsolés d'un
inconnu,
Je tisse aux murs de jours et nuits l'amour revenu,
Par le chant éternel d'un temps en sensuelle flopée.

J'ai attendu effritée au sommet d'illusions accrues,
Son regard si doux qui fende ma peau, ardent tison,
S'enroulant aux bouts de cils en incessantes frissons,
Ô, éblouissant instant émanant tendresse écrue.

Quand la nuit sidérale nuance les friselis d'albâtre,
Esquissant l'ombre du crépuscule en **fauve** sombre,
Il est apparu voguant, exhalant l'essence de l'ambre,
Sous l'écume des Univers ancrés en ingénue
bleuâtre.

Dans son nid douillet jaillit une fontaine de **lumière**,
Lors le feuillage de l'âme tombe évanoui vers les
virages.
D'un frôlement **subtil** il dénude le soupir des
mirages,
Et le velours de sa lèvre gémit le songe **qu'il vénère**.

L'âme égarée

Avant que les souvenirs s'effacent lentement,
Au gré d'un ailleurs esquissé d'ombres glacées,
Elle perce le ciel d'un regard en écumes violacées,
En rires, l'âme vaporeuse s'élève doucement.

Loin des abîmes, bercée par la voûte de l'Univers,
Damnée à se noyer dans le velours de ses lèvres,
Elle se blotti émue aux creux de sa peau en fièvre,
Pour l'ultime valse, unis par la brume de leur hiver.

Enchaînée aux tréfonds des rêves inaccessibles,
Là où les mystères déchirent et ravagent la solitude,
Une myriade d'étoiles murmure l'éclat de béatitude
D'un seul horizon, à la frontière des nuages paisibles.

Sous l'ondée des mots noués par des échos lointains,
En léger battement de cils d'une chandelle éternelle,
Le crépuscule saisie le secret d'une aube
passionnelle,
Qui tarde à revenir pour embrasser un songe
incertain.

Vers l'aube des yeux brûlés

Ce jour là, j'ai eu ton âme sur mes lèvres troublées,
Lors à l'ombre des cieux, l'infini s'épanche délaissé,
Pleurant l'éternité de demain sur les rêves déplissés,
Loin de tout, le soleil resurgit des ruines accablées.

Dans un ravin lointain, l'émoi emporte les chimères,
Quand l'aube se lève aveuglée par le chemin
diamantin,
Au fond des yeux brûlés, la beauté gémit au petit
matin,
Déchirant l'antre des nuages, éclairant la nouvelle
lisière.

Par-dessus d'un regard tourmenté de tant de
morsures,
Sous l'épaisse couche du vide tachant la peau des
pas,
Les souvenirs endoloris agonisent en dépit du trépas,
Tandis que les bras enlacent le cœur tombant en
brisures.

Sur la courbe des lueurs qui s'éteignent dans la nuée,
Dessinant le reflet des pensées brisées au coin des
yeux,
D'un murmure, l'éphémère se noie dans un déluge
fiévreux,
Frôlant le silence par la caresse d'une émotion
avouée.

Les vagues de l'oubli

Dans ce désert où le soleil pleure son âme,
Les rêves étouffent enchaînés de souvenirs,
Noyant mon cœur dans leur sombre avenir,
Lorsque le temps noircit la beauté qui se pâme.

Au jeu du silence tamisé au bord des ombres,
En éventail jaillit la sève d'un songe qui heurt
Dans la douleur d'un amour égaré et meurt
Vers l'horizon, d'où naissent louanges sobres.

Lentement, la brise trouble l'heure éphémère,
Sous l'ondée sans pareil d'un désir émotionnel,
Les pores des abysses soupirent en chant eternel,
Emportant aux grés des écumes les folles chimères.

Alors que le regard embué par des frêles pensées,
Effleure ton visage qui transpire dans mon sang,
L'oubli déferle en vagues nacrées aux plis de l'étang,
Car le brouillard se dissipe en gouttes de rosées.

La rosée de ton âme
(Dédie à Carol)

Il est des mots que mon cœur aime déverser,
Sur les parois de ton âme mon souffle déposer,
Caressant l'onde radieuse d'un sillon de lumière,
Qui se profile dans tes yeux en ingénue lisière.

De tous ces jours froids insufflés dans le passé,
Quand la tristesse s'échoue en pleurs angoissés,
À la moindre fuite fébrile j'ai supplié l'innocence
De taire la douleur avide de ma rude pénitence.

J'ai jeté bouleversée les amarres des sortilèges,
Esquissant un nouvel horizon, envoutât privilège,
Lors la rosée se perle au gouffre de ma destinée,
Ta voix cristalline voltige, caresse la nuit satinée.

Mes pas maladroits frissonnent dans le flou,
Perdus sur le parvis, muets dans un battement fou,
Là-bas, bénie, je reste auprès du l'autel de ton âme,
Brûlant un grain d'encens, odeur divine en flamme.

Au-dessus du temps, j'ai défroissé quelques mots,
Que je glisse dans ta main, voguant en frêle cadeau,
Tandis que vers les cimes le soleil fait sa révérence,
Mon toit se raccommode avec cette magnificence.

Louange écumée

De tous les silences où mes yeux se sont ancrés,
J'ai gardé en mon cœur l'écho de ma vie volée,
Par ce mystère amoureux d'une pensée auréolée,
Entremêlant bribes de mots dans un songe nacré.

De toutes les absences où mes doigts se sont noués,
J'ai touché le secret déposé sur des paroles feutrées,
Porté par le temps, fuyant l'onde des étoiles lustrées,
Poursuivant l'ombre, affolant le vent d'un vide
avoué.

De tous les soupirs où mes mots se sont dévoilés,
J'ai pris la flamme muette lors l'âme c'est épanchée,
Aux bords des abysses scellant l'aveu en tranchées,
Étouffant les braises par les larmes d'un ciel voilé.

De toutes les aubes où mes embruns se sont entassés,
J'ai contemplé la vague déferlant ses gouttes galbées,
Sans briser la candeur écumante, de douceur
imbibée,
Choyant le moindre bruit qui résonne en flots
embrassés.

Sur les pas de l'infini

Derrière le souvenir qui tangue aux creux des mains,
Une ombre cri sur le chemin furieux, morcelé
d'ennui,
Embrassant le mirage irisé dans l'azur des yeux
éblouis,
Troublant les sens perdus sur les frontières
lointaines.

L'infini s'esquisse, emprisonnant l'amour sur ta
lèvre,
Pour que le vertige en feu crucifie l'émoi en
chuchotis,
Appelant nos premiers pas à l'orée d'un volcan en
clapotis,
Quand nos âmes deviennent joyau d'un souffle en
fièvre.

D'un seul regard j'efface les traits d'une lune
grisâtre,
Pliant sur les rebords des cieux l'odeur de notre
Univers,
Comme autrefois, la nuit s'étincelle de délices
divers,
Lors l'étoile passagère secoue la poussière de son
âtre.

En pluie d'étincèles j'erre à l'orée de l'horizon. En
rafales,
Le temps de mes folies s'échoue empressé vers
l'infini,

Ruisselant sur sa trace, avançant vers nos sèves réunis,
A l'ombre des étoiles qui s'éternise en lumière vespérale.

Ce jour en cœur de papier…

A travers le ciel, un vent doux caresse les souvenirs,
Tandis que l'aube s'égoutte d'émois au coin de
lèvres,
Un hier las, accroché à la paupière, s'éveil et
s'enfièvre,
Émotion décousue, éloignée, mais si prête à revenir.

De ce moment unique je vais tisser le rêve en cœur,
Lors le soleil vermeil éclat devant la rose qui
s'effeuille,
Le temps s'écoule à flot, battant le rythme d'aiguille,
Tantôt l'arc-en-ciel s'épanoui dans un accroche-
cœur.

A l'ombre de tes yeux jaillit le feu, brûlant l'effroi,
Domptant l'incessante fougue penchée vers la
lumière,
Chutant en caresses sur les joues des fleurs en
rivières,
Tendre mélancolie qui coule autour d'un beau
tournoi.

Dans mon tiroir secret je range la perle de ton
sourire,
Et le baiser, comme témoin, d'une nuit brodée
d'étoiles
Qui espérée épouser le jour au gout du miel, ôtant le
voile,
Dont la trame d'or se fait désir, sillage en point de
mire.

A l'écart du silence il y a l'écho éternel d'un frêle
amour,
Là, au dessus de ta couche, flottant en larmes
éthérées,
Vers le bout de tes ailes comme le ressac d'une
marée,
Vagues gourmandes calmant les cris qui heurtent ce
jour.

Le pilier d'un vœu éternel
(Dédie à ma fille Linda le jour de son mariage)

Un doux parfum de lavande s'enroule à l'aube rebelle,
En ce jour béni je suis à toi, au grès de ce vœu miraculé,
 À tes cotes, mes yeux se sont perlés d'un émoi immaculé,
Quand l'anneau glisse dans nos âmes ornées de dentelle.

Mes larmes d'autrefois tu as séchés par une promesse,
Je ne saurais te dire en quel couleur mon ciel est peint,
Lors ton souffle se déverse en frémissement et m'atteint,
Sans interdit je te chéris, radieuse comme une princesse.

Depuis tant de vies je voulais t'offrir ma lèvre câline,
Accrochant à l'aiguille de l'Univers notre nid de songes,
De l'au-delà, l'esprit trésaille au chant volatil des anges,
Car dans son répit, l'amour s'auréole d'une lumière divine.

Sous ton écorce, je deviens odeur du myrte cannelle,
Caressant de ma main la peau de jours un peu sombre,

Tandis qu'aux cimes, le soleil rougit de désir en fin
d'octobre,
Semant de grains de blé, dorés par notre vie
passionnelle.

Comme hier, nous étions deux étrangers dans la nuit,
Au long d'un nouveau chemin on a remonté le
temps,
En ce jour, un serment solennel uni nos deux
printemps,
Tels les pétales d'une corolle veloutée qui
s'épanouit.

Octobre pleure ses feuilles

J'ai frôlé les feuilles enlacées, déposés par le vent au
passage,
Sous les pas émus par leur dernier éclat, leur
silhouette pleurée,
J'ai traîné au cœur de ces pensées isolées, de brume
affleurée,
Lors la lumière tourmentée des réverbères se courbe
en glissage.

J'ai regardé l'éclair qui trouble les nues, déferlant
leur sommeil,
Arpège des ombres sur l'aurore mouillée par les
lueurs brisées,
Qui s'accrochent en moi, bruissant dans la noirceur
pulvérisée,
Quand l'épaisse couche du vide glacé devance le
lever du soleil.

Mon regard s'attarde sur le frisson de ces doigts, il
fait si froid,
Il pleut toujours, crispant le sang devant l'antre de
mon âme,
Où s'esquissent les parois du passé, d'une morsure
en trame,
Sur la trace effilochée des ans, vers l'horizon qui
exhale l'effroi.

Le souvenir au bord des larmes et l'avenir au creux
des doigts,
J'ai attendu seule ce jour. Tel l'air automnal rêvant
de sérénité,

Les dernières feuilles valsent gracieusement vers
l'éternité,
Dont la sève ambrée gémit sur mon corps dans un
ultime émoi.

Sur les saisies des mots qui frissonnent dans des
aveux vaincus,
Une vibration feutrée chute, du plus haute du ciel, en
émissaire,
Vers mon cœur rompu, me souhaitant un Bon
anniversaire !
Caresse du sort sur le visage obscurci d'un rêve
ardemment conçu.

Horizon embrumé

Tandis qu'autour de moi ce n'est que tressaillement,
Mon âme s'égare vers le creux des landes dévalisées,
Là où le temps enlace l'abysse des blessures
froissées,
Sous le reflet d'un destin damné par un
chuchotement.

Ce n'est que la mémoire d'un triste regard
abandonné.
D'ici là, l'aube égrène les chemins de pensées
saignées,
Afin que la grâce peut rejoindre la tendresse
éloignée,
En ce lieu perdu, où l'horizon soubresaute
contorsionné.

Le souffle glacial des anciens flots s'égoutte
silencieux,
En simples murmures creusés sur chaque pierre
peinée,
 Quand nul ne sait comment effacer la brume
enchainée,
Qui obscurcit l'aurore, affolant l'étincelle à l'orée
des cieux.

 Il est un chemin si sombre caché au fond de mon
cœur,
Qui cherche sans cesse l'étincelle gémissant dans
l'ombre,

Frappant la porte du néant par l'écho retenu en
chaque fibre
D'un bruit, d'un pas esseulé rêvant caresser encor le
bonheur.

Il est tard …

Au loin, l'œil triste s'échappe et brûle l'aurore
D'un ciel dévêtu de larmes où le cœur s'adonne,
Prés d'un souvenir les âmes esseulées frissonnent,
Et s'écoule lentement dans la vieille amphore.

Un rêve opalin se meurt au coin de ma paupière,
Comme les mirages morcelés au creux des vents,
Sur nos visages perlant l'émotion choyée souvent,
Quand le fil des jours blancs ruissellent à la lisière.

Au sommet de l'infini l'amour perce l'envie rouillée,
Lorsque le silence effleure l'horizon et puis s'égare,
Vers le regard teinté d'une ombre qui nous sépare,
Mordorant le grand désarroi d'une douleur
verrouillée.

Dans la pénombre, l'aube frémit en douces étreintes,
Chevauchant sur le corps le chuchotis de nos désirs,
Berçant le temps qui saigne au sein de ses soupirs,
Tel mon cri sous ton écorce, comme une empreinte.

Le baiser d'un souvenir

Par une pensée j'ai dénudé l'obscurité de tes yeux,
Caché sous la rosée qui s'égoutte en ombres
pourprées,
Quand aux pores des matins violines l'aube est
diaprée,
Déployant chaque fibre nichée aux creux de ton ciel
bleu.

J'ai frôlé l'ondée des souvenirs, d'un inlassable
frisson,
Figée au sein de mon âme, auprès de ta main ancrée,
Déversant passion dans l'abysse des écumes nacrées,
Brûlant les heures d'amour, élixir éphémère a
l'unisson.

En murmures échoués j'ai erré au centre du vertige,
Si prés de toi, frémissant parmi les cendres abîmées,
Là où le souvenir déferle sous les paupières fermées,
Noyant l'écho aux pores de ma chair, roulis qui
voltige.

J'ai retrouvé l'étoile, froissée, au cœur du naufrage,
S'agrippant à cette nuit, perçant l'onde des ténèbres,
Pour que l'aurore, en quelques notes vogue, vibre,
Sur le désert de ta lèvre qui saigne a son effleurage.

Aux murmures de l'attente

Les yeux fermés elle épousait l'ombre faïencée,
Berçant en vagues bleutées son rêve providentiel,
Où l'aile d'oiseau vole frôlant l'attente de miel,
Et le vent susurre au bout des cils une ode romancée.

Elle regardait la déchirure d'une mélancolie grisée,
Portée vers le ciel délavé de son être impétueux,
Fuite éperdue d'une larme qui blanchit les adieux,
Effleurant la brume évanouie en éternité fragilisée.

Le cœur submergé, envahit par cette nuit veloutée,
Battant au creux des songes ambrés, somnambules,
Dont la sève n'est que saveur délicate qui ondule
Apeurée vers la courbe pleurée des étoiles voûtées.

Sous l'écume des cieux elle drapait la déchirure,
Lors les silences s'affolent sur son visage hagard,
A l'écart d'une faille émouvante aperçue en regard,
Elle fardait son précieux aveu de belles diaprures.

Quand ce que na pas été manque...

J'ai erré à la croisée des désirs fous d'un lendemain,
Devant le lever soupirant de cette heureuse journée,
Quand l'aurore nait sur les rebords d'une nuit cernée
Par l'écorce d'une étrange étoile qui sème ses grains.

A son réveil, la pénombre fleurit et trouble le soleil,
Sous la douceur d'un serment au parfum de sa voix,
Suivant les voiles ancrées dans les abysses sans
croix,
Lors l'amour consomme les caresses au goût
vermeil.

Sur ce rivage éloigné, dérobé par la fugue du destin,
Où chaque instant se mire dans une louange délicate,
La jouissance de l'âme s'incarne sur la peau et éclate
En courbes bleues, délirant à l'orée d'un nouveau
matin.

Au tréfonds des pensées un songe aime s'immiscer,
Au contour perlé d'une larme qui s'égare consolée,
A vouloir effilocher les cris par cette absence
affolée,
Là bas où le cœur pulse en plis du temps sans
l'effacer.

À l'entrée d'un rêve immortel

D'un souri vermeil l'aube ouvre l'horizon d'une
pensée,
Mouvement fragile à la frontière des nuages
aveuglés,
Sous les étincelles dorées, le regard un songe a
épinglé,
Alors qu'au gouffre du temps les ténèbres sont
pansées.

L'âme embuée plonge sous les écumes d'une
mélopée,
Quand l'esprit effeuille ses bouts de vie au pied des
autels,
La splendeur fleurie à l'entrée exilée d'un rêve
immortel,
Effleurant les reliques gravées dans sa mémoire
éclopée.

D'un chuchotis les cieux esquissent leurs belles
idylles,
Dressant le voile des mystères sur les cœurs
emmurés,
Envahissant l'éternité par les nœuds des souvenirs
apeurés
Et les sanglots étouffés d'une pluie de lumière qui se
défile.

À la tombée du soir les heures s'effondrent en
beauté,

Auprès d'une source qui submerge les yeux de bonheur,
Tandis qu'une caresse délivre les inquiétudes du cœur,
Lors l'émotion éclose dérobant des étreintes sursautées.

Au seuil du paradis

Au cœur du ciel, lentement, sa vie venait de se
défiler,
Regard perdu, elle se souvient de cette présence
frêle,
Adossée aux murs des nuits, criant d'une petite voix
grêle,
Lorsque les voiles de l'horizon commencent à se
profiler.

Il était là, d'un souffle il enlaçait son songe qui
sommeille,
Ses bras l'embaumaient d'une floraison de passions,
Odeur dispersée en gouttes perlées favorisant
l'évasion,
Vers le délire des âmes qui se fondent en noces
vermeil.

Comme une statue, immobile sous le déluge de son
passé,
Elle était là, couchée aux creux de ses pensées
abandonnées,
Emportée par de douces émotions qu'elle avait
fredonnées,
Tandis que les étoiles dessinaient leurs destins
embrasés.

Morceau de vie où lui n'était qu'elle et elle n'était
que lui,
Damnés à respirer le vide par chaque pore de leurs
lèvres,

Sous l'intensité d'un tourbillon qui jaillissait de
mains ivres,
Ils retenaient le soubresaut quand les anges arrivent
sans bruit.

L'ingénue beauté

La courbe des aubes blanchit le ciel et vêt ma couche
D'un rêve opalin, scintillant au moindre regard qui
avance,
Au creux d'une onde volatile, diluant l'encens en
silence,
Car au cœur du bonheur l'amour repousse des
souches.

Lorsque la volupté s'émerveille au souffle de ta
bouche,
Les heures se déchirent, s'incendient au lever du
soleil,
Quand les soupirs solitaires sont enlacés par le
sommeil,
La chute serrée, des cimes escarpées, muette me
touche.

Devant l'orée des ombres troublées l'étincelle
farouche,
 L'obscurité tressaille, l'âme prend place et orne le
chœur,
Les bords de l'horizon pépient leurs songes
divinateurs,
Qui réchauffent les confins de l'Univers ou l'esprit
accouche.

L'agonie s'enfouit vers l'écume des frontières et
découche,
Veillant au pied du hasard, au sein de ces astres
alarmés,

Alors que les fleurs éthérées murmurent aux yeux
charmés,
L'ingénue beauté que le jour floconne en légères
ébauches.

A l'aube du réveil...

Il y a eu ce matin qui ondulait la toile du ciel,
Mille douceurs violines en vagues éphémères,
Instants filant enlacés, étouffant les chimères,
Déversant senteurs qui frémissent torrentiels.

L'étoile usée, sans bruit, s'éteint dans un sourire,
Portée par les soupirs fragiles d'une aube ancrée
Au milieu de ces cimes, filtrant sa lisière nacrée,
Pour aveugler le gouffre du passé par les désirs.

Soudan, un rayon d'or tresse l'émoi sur un nuage,
Drapant, d'un voile de soie, les ombres éloignées,
Flots camouflés protégeant l'innocence témoignée,
Quand l'arrivé d'un manque saigne l'effeuillage.

Au bout des cils, le rêve se mire dans un baiser,
Roulis au gré des vœux, flammes consumées,
Nacelle égarée vers le cœur d'une pensée écumée,
Tel un déluge qui songe étreindre l'aile de l'alizé.

Sous les paupières encor ensommeillées d'amour,
Glisse l'aube émerveillée, ondée en perles de rosée,
Émue, la lumière s'accoude aux plis de l'âme
reposée,
Lorsque les lèvres s'alanguies d'attendre le futur.

L'exilée

Un nuage se fissure, sanglote dans son regard,
Il pleut, ruisseau qui dérive sous l'écume ourlée,
Pensées agitées percent le ciel, rosée emperlée
De soif, miroitant au velours des pupilles hagards.

Les mots pâlissent, l'âme nue envoûte le sortilège,
Et l'aiguille du temps se tord à la moindre émotion,
Les yeux embués, elle brûle la céleste bénédiction,
Scellant en gouttes de sang l'aube des privilèges.

Sa lèvre s'alourdit, l'émoi lacère le béant mirage,
Tandis que sa couche s'éloigne en vague naufragée,
Quand les nuits blanches veillent l'heure ombragée,
Berçant les pleurs d'un triste chant, d'où jaillit
l'orage.

La plume branle au bout de ses doigts. O, silence,
Gerbe de tristesse sur la joue, nœuds dans la gorge,
Un remord, encerclé des songes affolés, s'immerge
Dans la douleur, exile couronné d'un désarroi
coriace.

Le dernier refuge

Jours éteints, effrités, mordus d'absence,
Quand le froid blottit les chagrins embrouillés,
Eaux enragées qui affaiblissent le cœur rouillé,
Fissurant la candeur trahie par l'insouciance.

L'hiver glace les amarres des âmes éloignées,
Qui s'abreuvent, sans bruit, de pleurs givrés,
Tandis que le soleil efface le vermeil enfiévré,
Avant que les cimes déchirent la nuée résignée.

Au contour d'une étreinte taisant la blessure,
L'amour s'assoupi, rêvant d'un ancien blason,
Faiblesse enchaînée, faille d'incessants frissons,
Où se retrouve dénudé, emporté à la rupture.

Dans son intime refuge, l'âme saigne en ondée,
Jonchée perlée couvrant son talisman qui frémit,
Sous les ruines exhibées, douleur mortelle l'a blêmit,
Si frêle et si triste, elle se fane, d'ombre inondée.

Jadis, cèdre drapé de soie, miroir enguirlandé.

Là-bas, chez nous…

Ton sourire s'esquisse au sommet des silences,
Douceur ensorcelant les abysses des fontaines,
Source d'eau vive d'où jaillit la bonté souveraine,
Portée par les fibres obstruées de mon existence.

Les vents ont marqués le passage du temps perdu,
Sous nos pas enlacés par des chimères oubliées,
Qui tonnent de si haut pour guider l'étoile dépliée,
Là-bas, sur notre toit, toujours aussi beau et si ardu.

En ce lieu, les mots consumés caressent mes bras,
Rien n'a changé, l'azur soupir l'éveil qui nous
délivre,
Dis, te rappelles-tu encore le parfum de mes lèvres
Lors les murmures tissent ton arrivé au cœur des
draps ?

Mon âme filtre les éclairs et rejoint le crépuscule,
Regards ancrés aux roulis d'une nuit veloutée,
Envoutement d'un songe qui fonde en folie fruitée,
Telle une merveille devant l'amour qui se bouscule.

Vertige muet d'un sortilège

Sur la route embrouillée de son destin profané,
Le regard cherche impuissant l'étincelle fracassée
Par un vent impétueux, incendiant l'aube tracassée,
Lorsqu'à l'heure du départ, l'orée coule son or fané.

Juste le temps d'un silence et la nuée dévore le bleu,
Bouleversée par la cambrure envoûtante de la mer,
Nuances voilées, odeurs brûlées au bord d'une
prière,
Avant que le soleil attristé part veiller d'autres
enfeus.

Vers l'horizon, si loin, dans une étreinte l'ennui pâlit,
Chute murmuré, éclats d'ombres agonissant la nuit,
Larmes qui s'enlacent, tristesse fragilisée, sans
bruits,
D'une ondée diaphane, voguant sur ce qu'on n'a pas
dit.

D'un vœu, l'étoile filante a osé guérir les sortilèges,
Qui tanguent sous les paupières d'une lune émiettée,
Crispée d'effroi, évanouie sous les écumes fouettées,
Déluge où meurent les rêves orphelins, triste
sacrilège.

Comme un jour amoureux

Je sais des jours béants veillant sur la pensée
troublée,
Guettant les ombres lascives sur les chemins des
cieux,
Lors les aiguilles du temps percent de bonheur les
yeux,
 Apposant le sceau de soie sur le ravin des lèvres
comblées.

Par-dessus des toits, l'aube ruisselle la rosée sur la
fleur,
Mille désirs noués sur les méandres d'un labyrinthe
noyé,
Quand les mots se pointent à l'horizon des rires
choyés,
Tout au loin, la brise semble souffler l'or sur les
couleurs.

Dans ses fougues obstinées, le rêve se vêt de lumière,
Dompteur de tant de mystères sombres passant
rebelles,
Sous l'éclairage des ailleurs sans nuages,
intemporels,
Là où, le chœur vaporeux de l'aurore berce les
frontières.

La paupière ensommeillée caresse cette voix
lointaine,
Ondulant derrière les ténèbres qui s'échouent
désemparé,

Vers les contours perlés d'éclat que l'âme émue a accaparé,
Dorénavant, la frénésie jaillit dans la fraîcheur des fontaines.

Tel le bruit d'un commencement...

Ce soir l'étoile s'est dénudée sous le rivage des
cieux,
Lors ma vue perce le voile de sa poussière
lumineuse,
L'horizon s'ouvre, bercé par une caresse amoureuse,
Velours d'un souffle apaisant qui m'entoure
gracieux.

J'ai couché mon front sur les traces de ton regard,
Eclairant mon toit d'une chandelle à peine consumée
Par un présent qui tarde à venir, sève nocturne
allumée,
Ailleurs, où les éclats argentés devient miroir
veinard.

De ces reflets dérobés, je cueillis les éclairs du
bonheur,
Noyée dans un délicat battement frileux
d'impatience,
Tel une dernière rose figée dans l'hiver taché
d'absence,
Mon âme se brode en blanc du bout des doigts
féticheurs.

Mystérieux, le rêve s'échoue sur les rebords des
silences,
La beauté ruissèle, ingénue coulée vers l'orée de
l'éternité,
Tantôt les heures obscures se brisent en pépites de
sérénité,

Et l'aurore tisse des perles sur le doux matin qui commence.

Au fond d'un frémissement

J'ai blotti la bise du temps au fond de mon âme
pourprée,
Et tous les songes aux alentours qui soupirent
langoureux,
J'ai rivé des myriades aux quatre coins de ton ciel
aventureux,
Sillage de filantes fulgurances au couchant en nuance
diaprée.

J'ai accoudé la nuit à tes bras qui flânent vers les
étoiles,
Des soupirs nostalgiques, désir de me chérir encor
chaque jour,
Là où, l'aube se courbe au milieu de nos souvenirs
troubadour,
Exaltation d'une idylle chuchotée par l'écume tissant
la toile.

Et j'ai froissé l'oubli dans les plis veloutés de mon
attente,
Là-bas, où les larmes rebelles effleurent les abîmes
de l'infini,
Brisant l'ennui engloutit par le puits de nos silences
indéfinis,
Lors le serment erre dans le décor de mon angoisse
latente.

J'ai étouffé le vide qui flétrit le miroir des folies
épatantes,

Par des violines soubresauts, hypnose ourlée au feu des yeux,
Tendres murmures cachés dans les draps qui frémissent joyeux,
Déliant la peur du regard chargé d'une constellation éclatante.

J'aimerais tant…avant de partir…

J'aimerais dire des mots simples, naissant de mon
regard,
Lors il fait froid et mon âme s'attarde sous la voûte
pleurée,
Déluge des mots perçant les dernières lueurs
apeurées,
Tâtonnant la couche de l'aurore, bruissant mon
visage hagard.

Je te dirais des mots doux à combler les assauts du
silence,
Des mots rêvant d'une nuit nichée en chaque fibre de
ta peau,
Cachés dans la solitude tamisée, abattant en coups
d'asseau
Les peines saignées, le vide glacé qui tombe en
somnolence.

J'aimerais te dire des mots tendresse pour oublier
mes maux,
Inlassables flots esseulés, murmurant leurs douleurs
abîmées,
Des mots qui au gré de mon désert frôlent ta bouche
aimée,
Éteignant la lumière des réverbères si fidèles à mon
tombeau.

Simplement des mots à moi, tornade déchaînée,
avant de partir,

Telle une tache noire au ciel à l'approche de mon ombre tombante
Sur les murs isolés de cette vie, géant passage qui me hante.
J'aimerais tant… t'enlacer de mes mots déferlés, avant de partir…

Dessine-moi l'espoir

Dessine-moi l'effluve d'un bonheur charmant,
Effleure mon visage par ses gammes de beauté,
Quand mon âme irradie cet amour plein de loyauté,
Suspendu à ton cœur, fidèle aveu en or ancrant.

Donne-moi ta main, caresse mon rêve qui frémit,
Efface mes larmes enroulées aux coins des lèvres,
Que je puisse t'éblouir, scellée en perle d'orfèvre,
Au milieu des nuits réveillées par ton bruit inédit.

Prête-moi ta vue lors les affres du présent m'enterre,
Comme autant des mots égarés en sombres pensées,
Entassés dans l'inquiétude de ma faiblesse insensée,
Jusqu'à oublier le jour d'après, malheur qui
m'atterre.

Dessine-moi tes mots, esquisse mon abri douceur,
Ôtant la peur au fond d'un avenir parsemé
d'affection,
Plongé sous le regard submergé par quelques
illusions,
Troublant le sourire où déferle un chant éternel si
pur.

Donne-moi ton plus beau souvenir, a jamais le graver
Sous ma tempe, tant je voudrai atteindre son sublime,
Quand ton souffle s'imprègne à la lisière des cimes,
Où je serai sauvée par cette grâce venue m'enjoliver.

Et… dis-moi, pourquoi la nuit éclate en mille
frissons,
Éprise sous l'ondée des silences troublés d'émotions,
Voguant au gré des yeux qui s'adonnent à la
dévotion,
Telles les flammes du soleil levant sur les ardents
tisons.

Dessine-moi l'espoir, roulis aux fils des jours à venir,
Broderie tissée sur les rebords de cette vie
inconsolée,
Pulsant dans un accord triste, tendresse déboussolée,
Craignant que la douleur soit la seul damnation à
obtenir.

Rêves naufragés

De tous ces chuchotis qui s'épanchent en rêves
gâchés,
Chaque mot s'envole à l'horizon de mes larmes
muettes,
Quand l'aile du vent cueillit les lettres aliénées en
pirouettes,
Vers l'aurore, où d'un sourire bleu mon regard elle a
taché.

C'est à la lisière des ans que le temps se noie
doucement,
Quelque part sur les versants, cherchant une pause
ombragée,
Où la tendresse s'ancre dans les plis des étreintes
naufragées,
À l'écart des chimères, au long d'un chemin épiné
discrètement.

J'en ai dans l'âme des silences qui butinent chaque
désarroi,
Impossible songe à désirer au milieu des pensées
accablées,
Par autant de tristesses déferlant sur des rivages
sablées,
Là où l'aube endolorie déchire les draps
ensommeillés d'émoi.

Aux creux de mes lèvres embuées par des murmures
éteints,

Effluvent les maux, agonie désespérée des illusions
agrippées
 Aux notes évincées, éparpillées dans une sombre
mélopée,
Chant orageux, déchirement en plein hiver d'un cœur
atteint.

Âme brisée

Aux tréfonds de l'âme troublée par la peur aperçue,
Ruisselle la douleur, fracassant sous le poids
vacillant
D'un chemin refermé, menacé de ruines,
agenouillant
Le vide qui maquille le regard si lourd d'une vie
déçue.

D'un pas malheureux, elle frôle les feuilles lassées,
Dans son exile, cœur serré, ridé par la greffe du
temps,
Avant même que le souffle du vent terni le
printemps,
Pour faire taire la souffrance d'une étincelle
délaissée.

Au creux des mains éclosent des morsures
incendiaires,
Voilant les nuits déchirées par le torrent des cris
griffés,
Lors l'étreinte de silences s'assoupit au sommet
décoiffé,
Esquissant un brin de bonheur dans la mémoire
lacunaire.

Embarquée sur les nervures désespérées de
l'existence,
Elle n'attend plus rien, perdue dans son antre obscur
et glacé,

Fixé à l'Univers, crispée par les maux l'un dans
l'autre entrelacé,
Elle se brise dans la tornade des assauts, saignant la
sentence.

Repeindre la vie

Combien de fois j'ai vu les couleurs se lier entre
elles,
Sous le souffle d'un renouveau qui éclairci le
brouillard,
Mystérieux printemps effleurant le temps
débrouillard,
Eloignant les ombres pétrifiées par une tristesse
mortelle.

Dans le chaos des voix crispées sous les toits
éplorées,
Les souvenirs s'entremêlent à l'orée de nuages
égarés,
Là où leurs traces séchées s'effacent devant l'éclat
taré,
D'une sorte de miroir miraculé, reflets d'une aube
dorée.

Combien de fois j'ai repris la vie d'où je l'ai laissé,
entière,
Tout y est, même le rire qui s'est figé aux creux de
tes bras,
En cette nuit au parfum d'amour rivé sur le velours
des pas,
Quand l'étincelle s'est posée en mon âme dénudée de
poussière.

Mon regard trébuche encore le bord d'un chemin en
doute,

Et l'encre coule du ciel vers ce ravin éloigné de mes
yeux brûlés,
Les dernières heures tremblent dans le baiser de
sourires adulés,
Tandis que le vent emporte la brise vers un demain
qui déboute.

Combien de fois j'ai pointé à l'horizon le sceau de
ma prière,
Poursuivant la lumière intouchable au-delà de tous
les nuages,
Lorsque de nouveau l'éternité rêve d'un retour en
afflouage,
Apposant sa source sur les fissures incrustées à ma
frontière.

Je ne saurais te dire

Je ne saurais te dire la peur qui brule en moi,
Flamme sans mémoire où s'enlise un bout de vie,
Sous les pas assourdis que l'absence écorche ravie,
Là où les abysses des déluges tressaillent d'émoi.

J'ai laissé l'écume emporter l'écho des soupirs,
Juste le temps d'un souvenir sous un clair de lune,
Où je t'ai vu parmi les fissures de mes froides
lacunes,
T'enfouir aussitôt, avec un amer sourire, sans frémir.

Je ne saurais te dire la tristesse de mon cœur,
Qui gèle les mots au fond des paupières humides,
Lorsque le silence pleure aux plis des nuits lucides,
Ce peu de toi, immiscé au bout des doigts berceur.

Souvent j'ai traîné au milieu des regards éplorés,
Qui pèsent sur moi la noirceur des chutes isolées,
Bruissement glacé sur la peau de mon âme étiolée,
Passage intemporel aux creux d'un vide timoré.

Je ne saurais te dire la couleur qui peint mon horizon,
Par-dessus de la poussière des ombres accouchées,
Où l'écorce des lisières est entamée d'une aile
perchée,
Dans un second frisson au bord du ciel laissé à
l'abandon.

Il y aura toujours là ce délicieux désir, un peu crispé,
Par cet amour noyé, devant moi, en chaque pensée,

Celle qui amène les larmes du vent en pluie déversée,
Au loin, à ne plus pouvoir atteindre les rêves
dissipés.

Morceaux de vie

Quelques brindilles d'espoir filent dans le lointain,
Alors que le vent d'hiver frappe l'âme sans moitie,
Dans ce silence froid, criant sans répit, à faire pitié,
Quand le ciel descend si près des sommets incertains.

Les aiguilles enneigés tissent le temps sans remord,
Des morceaux de vie glissent vers les ténèbres
semées
En face des miroirs voilés par l'amertume embuée,
Sous l'écho des gouttes glacées claquant sur les
rebords.

L'illusion fébrile du bonheur se range dans un tiroir,
Tel le destin raccommodé en tranches de vie
effilochée,
Cherchant désespéré comprendre ses racines
empochées,
Dans la mémoire si troublée par son pierreux terroir.

Morceaux éparpillés, sans rêves, sans souvenirs,
Sanglots éveillés, orage qui erre à blanchir les nuits,
Liant les flots au fond des gouffres par l'éclair qui
luit
Vers une vie réinventée, satinée d'un hasard à bénir.

Code 23/57 - Alimanaha

L'esprit veille de loin, fixé aux lisières de l'Univers,
Sur un bout d'âme qui naitra bientôt de sa nacelle,
En ce jour rouillé d'automne, il descendit sur ses
ficelles,
Habiter sa corolle, afin qu'une coulée d'amour il
déverse.

Devant la lumière elle crie. De joie où de malheur ?
Petite fille, tu deviendras fragile dans tes souffrances.
Ton nom prédestiné, rêvé en cette nuit de prévoyance
Par ta maman, sera cadeau pour une poignée de
cœurs.

Approche sans peur l'heure égarée de ton destin
volatil,
La route te semble longue et la lueur se noie en
poussière,
Grandi, grandi et jette-toi dans les vertiges en
croisière,
Dénude ce chaos, cherche les sourires par tes yeux
subtils.

Ton cœur bohémien souvent c'est accroché aux
rêves,
Aux mirages éblouissants, aux couleurs du ciel qui
errent.
Dis, combien de fois tu t'es perdue, trompée de
frontières,
Sans fin cherchant les traces de cet ailleurs qui
s'achève ?

L'esprit fixé à l'orée de ton âme, veille la route de retour,
Effleurant l'effluve de lumière parmi les buissons des ténèbres,
A ne plus savoir ce silence qui s'épanche en chaque fibre,
Sacrilège, comme autant de regrets délaissés, sans détour.

De cette minuscule vie ne restera qu'un grain d'amour,
Qui osera s'épanouir sur les bords des rivages feutrées,
Pour atteindre l'infini, pulsant sur le mur des nuits cloîtrées,
Ne craignant plus le froid qui étreint le souvenir du jour.

Sous une gerbe de perles

Je suis venue revivre auprès de ces orages,
Serrant le vide qui se bouscule mélodieux,
Parmi les nuages renversés dans les cieux,
Couvrant les toits par la dentelle des mirages.

Le vent plie l'air qui fuit l'écho des rivages,
Voilant le sceau des silences dans mes yeux,
D'un rêve qui ensevelit le cœur malheureux,
Frissonnant alanguit, hanté par les ravages.

J'entends tomber le temps du grand sablier,
Loin de tous ces bras qui dessinent des adieux,
Drapant les promesses d'un regard coléreux,
Lors la voûte s'anime sur ses massifs piliers.

L'infini miroite à l'horizon, tel un ruisseau,
Quand la nuit l'enveloppe d'un doux baiser,
Contre les nuées qui commencent à s'apaiser,
Sous une gerbe de perles qui luit en frêle réseau.

Au creux d'un souvenir

J'ai croisé ton souvenir, belle statue dénudée
Par le temps, sillon profond creusé sur mon front,
Projeté a l'écart de mes paupières en cruel affront,
Dévoré par les flots, inondant ma mémoire vidée.

J'ai glissé vers les soupirs embrassés de ta voix,
Qui descendent au-delà des cris gelés par l'oubli,
Où le regard s'obscurci sous les silences affaiblis,
Qui dansent sur le ventre du chemin de la croix.

J'ai rêvé dénouer la peine de mon âme écartelée,
Blottie aux creux de la brise caressante du matin,
Quand la rosée devient miroir d'un paradis argentin,
Allongé aux pieds des aubes fraîches, dentelées.

J'ai touché les murs de l'horizon, écume vermeille
De mon sort mêlé à l'orée de tes rêves parfumés,
Courbant le ciel lourd d'émois, fièvre embaumé
Flottant nue, tel le chant des anges, pure merveille.

J'ai grisé le fond de mes yeux, là où naît la raison,
À l'ivresse pourprée qui frémit l'envie de ta bouche,
Frôlant les affres diluées des souffrances farouches,
Le soir où l'étoile perle d'opale la nouvelle lunaison.

Si un jour...

Il y a eut ce regard qui se profilait sous les paupières,
Flottant en roulis, frôlant le silence d'un battement
de cils,
Quand la dernière perle de bonheur sur un nuage se
faufile,
Jeux en éventail des vagues, marée de caresses
éphémères.

Au-dessus des abysses sinueux jaillit une brèche de
lumière,
Dentelant le tremblement des bras d'un frêle
ornement,
Au moment où la vie défroissée serpente son
éloignement,
Voilant encore une fois les cimes qui tracent les
frontières.

En murmure, les mots se trempent en teintes
d'automne,
Arabesques qui vacillent dans la candeur des
sentiments,
Seule la morsure du vent reste parmi les feuilles qui
friment,
Avant de tomber, collées à la brume qui enterre leurs
fantômes.

Viendra le jour lors le violon de l'âme va sangloter
d'émotion,
Devant les souvenirs déchirés par le temps qui
envahit l'être,

Avant même que l'ombre cache le tombeau des
ancêtres,
Là où le zénith dérobe les destins aux plis des
constellations.

Emmurée quelque part

Juste avant de s'échapper à la brume qui hante les
nuits,
Elle se souvient, éperdue, de ses rêves mort-nés,
dissous,
Perdus là-bas, fantômes dans un lointaine à peine
aperçu,
Au long de ses chemins pleurés, où le bonheur
s'enfuit.

Il ne lui reste rien, comme a chaque fois, entre ses
mains,
Sauf le chagrin, au milieu des jours quand tout était
perdu,
Pourtant au loin, rayons de soleil cernés d'or sont
apparus,
Tandis que les ténèbres ensanglantées noircissent
l'aubaine.

Les yeux noyés dans les bruissements d'une aube
friande,
Cachée dans la solitude de déserts abandonnés,
disparus,
Elle cherche en vain la joie accroupie auprès d'un
cœur ingénu,
Malgré cette vie éparpillée parmi les herbes sèches
des landes.

Ainsi, les bras vides, l'âme nue et creuse, elle rejoint
la pluie,

Traversant en fugue les picotements des cieux
froissés,
Désirant ce que n'existe plus, attachée aux vents
trissés,
Frôlant les gouffres affamés, par-delà des promesses
inouïes.

Quand ne sonne plus l'heure

Si prés de regrets délivrés qui tombent effilochés,
Là-bas, aux bords des fosses embouées, écrasées,
Mon regard ombragé tache les heures empressées,
Au-delà des saisies du temps qui déserte cloché.

De toutes les instants que mes doigts ont gravés,
Sur les soupirs muets de tes lèvres frissonnantes,
Là où la rosée n'est plus que larmes hallucinantes,
Ne reste que les murmures de mes songes délavés.

Tout au long de ce chemin terré, la nuit se tisse,
Broderie d'étoiles, féerie d'une voûte éclatante,
Expirant dans un triste silence sa beauté envoûtante,
Pour fondre l'amour au roulis aliéné qui s'esquisse.

Sur tous les recoins où mes mots se sont ancrés,
Je t'ai vu toi, dénoué, sous l'ondée des pensées,
Echo échoué aux creux de ma chair fracassée,
Comme un souffle agrippé aux méandres nacrés.

Le noir des nuits cendrées empoisonne le destin,
Sur le désert de sentiments saignant les ténèbres,
Domptant les cris déferlés des oraisons funèbres,
Lors la vie s'écoule, ne sonne plus l'heure du festin.

Dans la pénombre de ton âme

La pénombre ourle les fissures aiguisées de l'âme,
Quand des pétales d'or franchissent l'abîme du cœur,
Là où les gouttes de rosée purifient l'infini
migrateur,
Agenouillant les larmes sous les paupières en trame.

Les fibres du ciel se déchirent car il pleure la pluie,
Jusqu'à sécher la souffrance sur la peau des nuages,
Creusant au fond des yeux des sourires en afflouage,
Vers l'émotion nue, bercée par des pensées
alanguies.

Là- haut, le bruit des mots épuisés d'émoi titube,
Telle l'ivresse d'un amour évanouie dans le sang,
A peine murmuré, pureté d'ocre en effet boomerang,
Pour que les matins s'esquissent en roulis des aubes.

La lumière file loin, s'efface en promesse éphémère,
Sur les songes réveillés, entamés à la lisière du
bonheur,
Où soubresaut le regard effrayé par des éclats
cajoleurs,
Pour apposer le sceau des abysses flamboyés de
chimères.

La symphonie de l'existence

L'aiguille du temps s'effrite, tombant en poussière,
Sur les guirlandes des ans épanouis, miroitant effilés
Dans le regard, filtrant le doute parmi les rêves
faufilés,
Vers des cieux aimés en secret, écorchés de lumière.

Le moindre bruit éveillé caresse l'aube matinale,
Et le soleil frémit sur la bouche, scintillant innocent
Sous les paupières closes, feutrant le corps rubescent,
Par les doux tressaillements des lisières abyssales.

D'un pas sablé, les vents coiffent la route esseulée,
Ornant les fleurs d'un éclat époustouflant, étrange,
En ce lieu où le silence brode le feuillage des songes,
D'un azur qui dévoile les cimes d'ivoire immaculées.

Dans l'espace enlacé d'une symphonie bohémienne,
L'esprit passager vibre sur le toit des embruns
glacés,
Car épuisé par l'obscurité tonnant ses vœux délacés,
L'eternel adieu devient attendrissant sur l'ultime
scène.

L'heure serre le cœur, cheminement fragile de l'âme,
Un dernier souffle attaché d'un bel ruban incarnadin,
S'écrase sous le doigt du destin jouant en rire
baladin,
Jusqu'à oublier le gouffre avide d'un corps nu de
flamme.

Cœur délavé

J'en ai des mots défets, penchés sur la toile des
songes,
Et sur mes lèvres closes les silences d'une lune
blanche,
Des murmures éteints du bout des cils sur les
hanches,
Quand le vent fait trembler les désirs vierges des
anges.

Sur les vagues portées jusqu'aux creux des joues
muets,
J'ai l'ombre d'une émotion satinée à la lumière des
nuits,
Des vastes horizons délaissés d'ou l'âme ruisselle
épanouie,
Sous l'ondée égarée aux coins des yeux, drapés des
bleuets.

J'en ai aussi l'Univers, brisé contre les parois des
bruits,
A l'écart de mains confondues en traits émouvantes,
Avant que mon cœur hagard tait la solitude
déchirante,
Lors les sourires se couchent a l'arrivé d'un mortel
ennui.

J'ai en passage des cris, agenouillés sur les cailloux
froids,
Perçant l'oubli sous les paupières, tangage d'écume
effacée.

Entre le ciel endormi et la pénombre des cimes
liliacées,
Mon regard escarpé se grave sur la colline entamée
de bois.

J'ai l'âme fleur au bout des doigts, frêle bourgeon
ambré,
Ensommeillé à l'aube d'un souffle grisé par la
mélancolie,
Effleurant l'écrin des miracles par un petit grain de
folie,
L'ultime frisson battant éperdu dans des mirages
sabrés.

Aux regards éphémères

C'est aux pieds des songes que les mots ondulent,
Par delà du voile lumineux ou j'ai déployé mon âme,
Sous les nuages moelleux traçant la soie des trames,
L'aile du vent volète autour de la lisière et l'enroule.

L'émotion tombe feutrée à la naissance d'un
serment,
Et l'aube accroche aux coins du ciel l'heure
ensoleillée,
Espérant éclairer l'horizon auprès des orages
éveillés,
A l'écoute des gouttes qui fleurissent dans un
sourire.

L'écume des vagues susurre l'errance du naufrage,
Avant que les frimas s'assoupissent aux creux des
cimes,
L'ombre dentelée par les reflets de lune s'offre
victime
Des silences, perdus dans le miroir de l'infini en
sevrage.

Les matins vécus fourmillent dans leurs voyages
eternels,
Pour affronter les torrents sombres qui flânent les
nuits,
Face aux regards fougueux qui se souviennent
l'étoile éblouie,
Luisant éphémère, emportée au grès d'un aveu
charnel.

Rêves échoués

Sais-tu de quelle couleur le miroir ému se voile,
Quand le matin sourit en éclat si prés des ombres,
Esquissant sous les paupières la pureté de l'ambre,
En l'exhalant sur les cils enroulés qui s'étoilent ?

De nouveau le silence règne devant le lever du soleil,
Au creux de l'aurore, la rosée caresse la cime
éveillée,
Jusqu'à la douceur étreint par la nuit ensommeillée,
A l'arrivée de l'âme qui contemple les rayons
vermeils.

Sais-tu de quel parfum le temps va effleurer l'oubli,
Lorsque les pensées déferlent en marées des peurs,
Submergeant les regards égarés, accablés de douleur,
A tisser le vide dans les saisies de mon cœur
affaibli ?

Hésitant, l'amour apeuré s'ancre au gouffre du passé,
Là où l'envie frisonne, frôlant encor l'antre de ta
bouche,
Pour effacer l'obscurité glacée au dessus de ma
couche,
Le jour où les rêves s'échouent sur les cendres
amassés.

Le poids de ton absence

J'ai tant erré sur les rebords des précipices,
Traversant les lisières incertaines, sans ta main,
Lorsque les pluies abyssales inondent la plaine,
Et le cri du temps agenouille le vieux dé propice.

De l'effroi écoulé sur le sillage de mon émoi,
J'ai senti le poids, si lourd, bordé de poussière,
Bousculant l'essence épanchée, ébauche grossière,
Aux détours des rêves sourds, creusés en moi.

J'ai tant damné le silence qui tache mes jours,
Quand je n'attendais de tes yeux que l'étincelle,
Vers l'au-delà du froid infini, réduit en nacelles,
Contre les murs de ma prison, hardis contours.

Aux creux de bras oubliés, foudroies par le néant,
L'ombre jaillit, cajolée par une coulée de larmes,
Fuyant la solitude nue, enlacée d'un feu sans forme,
Vacarme des songes perdus dans un gouffre béant.

J'ai enterré tant d'émotions dans mon ventre vide,
Qui tonnent leurs maux, tellement de promesses,
Sous l'ondée entassée au fond de ma détresse,
Entremêlant les bribes des mots par des échos
limpides.

Ébauche faïencée

Au pied des nuages ourlés d'une gracieuse rosée,
L'aube gémit son éclat sur les pétales mouillés,
Qui trémulent, tressaillent, se plient dans l'air rouillé,
Ondoyant les reflets faïencés de leurs pensées osées.

Les rayons dorés cachent la pâleur fragile du ciel,
Quand l'aile frissonnante d'un ange protège la lune
Courbée à l'orée des horizons fendus dans les dunes,
Où, sous le vent, les fissures s'embouchent du miel.

Mes yeux se sont fardés d'une gouttelette de bleu,
Et le cœur peint l'ombre de son rythme aux tempes,
Lors sur le corps, les mots devient farouche estampe,
Et les doigts meurent sur la peau d'où éclore le feu.

Le souffle du matin berce un baiser sur mon épaule,
À vouloir dérober encore l'ivresse des âmes affiliées,
Perlant la vie qui renaît aux pores des voûtes
aliénées,
Au gré de l'aurore, où le soleil luit en pleurs de
saule.

Je ne saurais...

Je ne saurais décrire l'étrange murmure des vents,
Et toute cette tristesse, lourde, blottie dans l'ombre,
Qui écrase les rires sur la poitrine des murs sombres,
Lors l'amour piégé s'éloigne vers des horizons
absents.

Dans l'air ainsi battu de pleurs, le silence s'évapore,
À la portée des yeux vêtus par des éclats de lumière,
Où miroite l'aurore, impatiente d'exaucer sa prière,
En doux chants, tendres, grimpant dans tous les
pores.

Je ne saurais te dire les mots demeurés en mon cœur,
Et la musique de ton visage en notes dentelées de
joie.
De l'émoi d'autres fois, qui me suit, je deviens proie,
Puisqu'il me farde d'un trop tard, d'un regret colleur.

Sur le front songeur des nuits ridées par les délires,
D'anciens souvenirs penchent sur le berceau des
âmes,
S'enroulent sous la paupière clause, chaos de
flammes,
Aux creux de mes mains nus, d'où le bonheur va
jaillir.

Je ne saurais décrire les bruissements des torrents,
Entêtés, frappant l'azur d'un coup violent de foudre,
Attendant que l'aube et l'or du soleil s'égoutte en
poudre,

Sur chaque pétale, vibrant sous l'aile des papillons errants.

À la lisière des songes

Dans un coin de son cœur palpite encor l'émotion,
Quand le regarde perlé frôle les souvenirs livides,
D'un temps qui emmure les mots usés dans le vide,
Chaque jour un peu plus, jusqu'à leur disparition.

Aux abysses ouverts, en larmes elle se dévoile,
Là-bas, enfoui au fond poussiéreux de son miroir,
Drapé d'un voile qui cache ses peines dans des
tiroirs,
Pour que ses yeux à la douceur de soie s'étoilent.

Au-delà de la tristesse pointée en papillon de nuit,
Les lisières du couchant voguent en murmures
gracieux
Pour taire le silence auprès des instantes langoureux,
Qui suit le temps, battant l'air dans un décor qui luit.

La tendresse s'effeuille sous les pupilles fiévreuses,
Déchirant ses hier en tempête, au milieu des songes,
Avant que, dans l'ombre nuptiale d'un cortège
d'anges,
L'horizon tressaille sur la courbe de sa bouche
heureuse.

Âme décryptée

Puisqu'il faut bien partir vers le néant un jour,
Elle s'échoue loin des souffrances blanches,
Submergées par la sève amère des branches,
D'où éclaboussent les silences a l'aile d'autour.

Du haut de ces ailleurs, lors le vide enterre
Le temps sur les versants noirs des ténèbres,
La vieille aiguille grave l'ultime oraison funèbre,
Sur la peau écorchée par les erreurs qui errent.

De toutes les hivers effrités en essaims froids,
Tremblant parmi la fragilité des ombres égarées,
L'âme se voile par la foule de pensées effarées,
D'un gouffre noir, conservant leur sang-froid.

Au rythme de son cœur, témoin de son supplice,
Il ne reste que le fruit de sa vie, qu'elle a cru divine.
Tandis que les battements écrasent sa poitrine,
Sans aucun doute, l'amour n'est qu'un étrange
caprice.

Perdue auprès d'un rêve, évitant le sort apeuré,
Dans ce flou inconnu, l'éclat, mis à nu, cherche la
fin,
Frissonnant dans le sourire de cette sauvage savane,
Avant d'être consumé sur le chemin, où périt épuré.

Si seulement…

Si seulement je pouvais graver l'éclat de l'aurore,
L'incruster profond dans les abimes secs des yeux,
Qu'un seul instant une goutte de songes audacieux,
Soupire sur un nuage caché dans la vieille amphore.

Si seulement je pouvais voler au temps le sourire,
L'incarner sur les lèvres porteuses de tristesses pâles,
Quand les éclairs éclore dans la nuit en vive opale,
Allumant la mémoire fugace par des joyeux rires.

Si seulement je pouvais plier les feux des aubes
roses,
Les emboucher aux pleurs des doigts tatoués de
blanc,
Pour que l'agonie des cendres se brise sur les flancs
Des horizons endormis, où les anges délirent en
osmose.

Si seulement je pouvais tenter en vermeil l'émoi,
L'amasser, le faire dévorer par un bout d'éternité,
Sous l'œil des nuits muettes, cherchant la sérénité
Sur le rebord des chutes, déferlées par le désarroi.

Au-delà des rives

La nuit songeuse berce son velours sur les toits,
Comme une caresse somnambule errant légère,
Parmi les âmes des abysses tournoyant passagers,
Sur les bords des cratères, soumis au feu des émois.

D'un coup, l'ombre éveillée se pose en collier,
À l'orée des horizons, telle une tendresse enfilée,
Suivant la lune qui se mire dans les perles étoilées,
Nappant la voûte, pareil les éclats du chandelier.

Au-dessus des murmures issus d'un ciel désireux,
Le charme suit les regards gourmands de ferveurs,
Et l'obscurité se dentelle d'une orfèvrerie en fleur,
Pour que la douleur s'enfile dans des ourlets preux.

La beauté s'enflamme, scintille, au seuil du bonheur,
Aux bras tendus du néant l'aurore attends immobile,
Fixant l'heure, empourprée d'une nuance indélébile,
Au cœur de délices apprivoisés par un amour
divinateur.

Dans un nid douillet, des petits nuages moelleux,
Dressent leurs gouttes pleurées sous la brise troublée
Par les rayons dorés, échappés d'une aube
émerveillée,
En ce matin vermeil, enamouré d'un vent
aventureux.

La rosée des regards orphelins

Comme le calme d'un désert fissuré par les mirages,
Chacun de mes mots s'écoulent en gouttes de vie,
Sinuant sur les rêves nimbés, caresse rongés d'envie,
Lors la douleur picore le cœur, buvant le violent
orage.

Fatigues, les secondes du temps oublient leurs pas,
Et la main tremblante ramasse la solitude en larmes,
Du sommet d'illusions en guerre, du sanglot des
armes,
Ne reste qu'un écho lourd, assaut d'un glorieux
trépas.

Les souvenirs tordus s'endossent dans mon souffle,
Vacarme des songes noués, gémissant dans la brune,
Qui épousent une dernière fois les soupirs de la lune,
Exhaussés par la marque flagellée du vent qui siffle.

Dans les roses matins esquissés du bout des doigts,
La mémoire usée dévoile la braise d'une âme
immiscée,
Quand au levant, sur la lèvre affalée de l'aurore
fascée,
Fleurit la rosée des regards orphelins, ourlés d'émois.

J'aurais aimé

J'aurais aimé que le fragile silence tourbillonne,
Autour de ta voix, frémissante odeur sur la bouche,
D'un souffle enfiévré, tremblant en brise farouche,
Aux creux des échos étonnés qui brouillonnent.

J'aurais voulu que mon chant d'amour sillonne,
Sur ta peau, où j'ai toujours rêvé de m'entacher,
Frôlant d'une pensée, que le vent peut panacher,
Ton visage, où dort mon âme nue qui papillonne.

J'aurai aimé que mes mots cachés bouillonnent,
En vers troublés par l'ombre des heures blanches,
Accrochant mes ailes telles boutons sur les branches,
Lorsque l'éclat des cieux s'empourpre et carillonne.

J'aurais voulu garder ton regarde qui graillonne
L'horizon ennuagé, où le ciel berce le désir
d'arracher
Mon cœur, effeuillé au fond d'un nid vide, et
l'attacher
Tendrement, d'un baiser, dans ta main qui tatillonne.

Cœur de velours

Comme une présence qui s'éloigne en quelques pas,
Au-delà du temps, vers un répit a la douceur de ta
main,
Disparu dans le vertige de ma tempe, fabuleuse
fontaine,
D'un bonheur emperlé sur les fibres satinées des
bras.

Comme les absences qui étiolent l'aurore d'autre
fois,
Courbant, au levant, l'ingénue beauté au cœur des
fleurs,
Quand la rosée frémit, sous leurs parfums, avec
candeur,
Devant l'obscurité qui pleure, aux plis de la corolle,
l'effroi.

Comme les flots écumés d'amour sur les rives du
temps,
Ma plume frissonne encor, étreintes fondues,
dénudées,
Sur la peau des mots câlins, déferlés en vagues
brodées,
Lors les rayons ardents étincellent l'horizon
longtemps.

Comme la brise légère qui encercle le vide affamé,
Dévorant les cimes éveillées par des caresses
passionnées,

En rythme alangui, battant des émotions
insoupçonnées,
Dans cet écrin ensorcelé de rêves miellés,
amalgamés.

Frôlements

Souvent fragiles, comme le frôlement d'ailes,
Les pâles rayons se cachent au fond des cieux,
Contre le temps qui s'ancre en mots silencieux,
L'âme émue se grise à l'écho des chants frêles.

Souvent troublé, telle une rose ensanglantée,
Le cœur, sans répit, cherche une oasis sans pleur,
Où on entend le chuchotis d'un vent allumeur,
Douceur posée sur la courbe d'une aube diamantée.

Souvent enivré, comme un calice sous la rosée,
L'amour et ses mystères s'allument face au soleil,
Et la tendresse qui marbre les matins vermeils,
Devient lueur enfiévrée, sur la chair déposée.

Souvent abandonné, telle des photos froissées,
Le sourire, a la portée d'une autre fois, soupire,
Lors les abîmes brûlent en éclats pour éblouir,
Les ombres du passé, en tristesse esquissées.

Souvent éveillée, comme une étoile épanouie,
L'émotion frémit, fleurit dans le duvet choyé,
Ainsi bercée, frôlant le songe d'un souffle plié,
Là, sur les lignes de la main, où elle s'évanouie.

Née de ton sourire

Courbée dans l'anse de ton sourire, mon âme,
Tel un souvenir joyeux troublant les yeux hagards,
Qui se sont tus au bout de mes doigts flambards,
Roulant nus dans l'ombre, exhalant leurs flammes.

Parmi les anciens horizons, tu es mon âme jumelle,
Bercée par le doux parfum de nos instants éblouis,
A l'arrivé des mots ambrés, souvent épanouis,
En pétales de rires, de pleurs, en nid d'étincelles.

Blottie dans ton regard, telle une larme perlée,
Scintillant dans tes pupilles, perçant les nœuds,
Quand mes chagrins sont ramassés en cordon-bleu,
Au plus vite pourprées des roses, d'étoiles ourlées.

Au cœur de ces soirées où craquellent les heures,
Les murmures s'oublient, coincés derrière les cieux,
Sous leurs frissons, la nuée opaque appelle les dieux,
Pour que nos âmes changent, sans péril, la demeure.

A l'abri des tristesses, j'effeuille l'émoi sur tes
lèvres,
Moments exquises, au gout de fraise, miroitent
codés,
Éveillés par la brise des ébats sur nos fronts
accoudés,
À la frontière de songes somnambules qui
s'enfièvrent.

Là où ton nom c'est imprégné

Prés de toi, l'âme se tisse des songes et velours,
Frissonnante, elle avance vers la chair des nuits,
Sa torpeur épingle l'ombre à la lune et s'appuie,
Sur les rebords des cieux mirés aux plis des jours.

Aux creux de ces murmures qui me parlent de toi,
Chemine l'aurore d'or, scintillant dans la noirceur,
Dans les plus purs rivages qui saignent de douceur,
Guidant mon émoi au fond des contrées où tu es roi.

Les matins ourlés de pluie se tressent sur le front,
Et mon regard orphelin écorche les lisières d'opale,
Qui s'affalent joyeuses au long des courbes pâles,
Bijoux, sur les joues et les temps, en robe de liseron.

Vêtu d'un sourire, le silence effleure l'infini éloigné,
Qui soupir en miroitements penchés sur tes lèvres,
Exquis ruissellement d'ivresse, clapotis qui enfièvre,
Les tréfonds de mon âme, où ton nom c'est
imprégné.

Ton souffle, telle une empreinte

Un souffle pointillé se noue en papillon et frôle ma
joue,
Légère brise frisant la peau, blancheur coiffée des
anges,
Lors au milieu des rêves glisse, dans un sommeil
étrange,
Le silence d'un décor muet, flottant vers des lisières
floues.

Les lettres planent, éperdues, aux confins de ma
solitude,
Les mots se détachent, gisant sous le brasier en
chagrin,
Comme avant, prisonnière d'un frémissement
pérégrin,
Je sème désirs aux pieds des cieux, tremblant de
béatitude.

Les pas cendreux des murs sursautent sans nostalgie,
Quand l'horizon pourpré d'étoiles s'enroule chaviré,
La grâce sourit dans mon regard chargé de pétales
cirés,
Sous ton écorce mouillée de sève qui boit toute la
magie.

Là-haut, auprès de voiles, la lune pâle se tache
d'ombre,
Lentement, l'instant devient témoin de nos corps
éthérés,

Et ton empreinte, à l'abri du vide, crie en sons
acérés,
Foudroyant mon âme, figée dans le néant éteint,
sombre.

Éveillée par un frôlement

Sans bruits, ses yeux déchirent les chimères des
cieux,
Avant que ne se réveille le rêve peint en bleue
faïence,
Devant le manque des instants taisant les pénitences,
Au creux d'une tendresse creusée dans l'émoi des
dieux.

Comme le velours du sommet d'où s'échappent les
cris,
Lorsque le cœur pleure, sans mots, au fond de l'âme,
Sous une gerbe de reflets qui fleurit et dévoile sa
trame,
Ondoyant fragilisé en flaques grisâtres, cherchant
l'abri.

Derrière son silence, les secrets sont portés par le
vent,
Et dans l'ombre des jours ils chantent leurs détresses,
Recherchant dans les roulis des orages une
forteresse,
Où la douleur va s'agenouiller, hurlant impuissante,
en vain.

Telle l'aube, a peine éveillée d'un frôlement heureux,
Murmurant aussitôt, tremblant sur ses mains
encensées,
Elle couronne les tempes par les flancs de ses
pensées,

Qui s'épousent sous la douceur de leurs éclats vaporeux.

Grains de douceur

Aux frontières du sommeil où brûlent mes paupières,
La tendresse frémit, caresse mon cœur si lourd de toi,
Lors derrière les vagues fragiles qui détrempe l'émoi,
Ruissèle lentement la soie d'un baiser, douceur
trémière.

Mes pas s'emboîtent aux tiens, assoiffés de
délivrance,
Quand les plis du hasard froissent le silence du
temps,
Sous le velours de tes sourires aux goûts de
printemps,
À peine refugiés dans l'ivresse d'un rêve sans
errance.

Au fond des cieux, là où s'engouffre l'âme enivrée,
Aux creux de ces lueurs qui chancellent leurs chants,
L'exubérance s'achemine sur les astres au couchant,
Tombant dans nos regards en poussière enfiévrée.

A l'éclat rosé, percé par des pétales unis en alliance,
Le matin submerge dans le calme doux des parfums,
Qui éblouit ta pensée, l'arrosant quand elle a faim,
À la fontaine larmoyante qui détourne nos distances.

Dans la douceur naissant en grains des aurores,
Je sais au bout des cils ensommeillés le pâle passé,
Abandonné à l'abime par le cri des vents entassés,
Qui s'éloignent quand tes mains ma chair explore.

Tendresse éparpillée

Au bout du regard les chagrins deviennent tendus,
Et la douleur courbée se fend en clapotis de lumières,
Lorsque sous l'abri des cieux qui tombent en
crinière,
Les saules enlacent le chant échappé de pas perdus.

Aux coins des ombres dardées par des éclaires mêlés,
Le vent dénude le nid pendu à la clairière éventrée,
Couchée sur la peau de bleuets semée en plein
contrée,
Scintillant en rayons d'or, où voguent mes rêves
ficelés.

Aux dessous des ruisseaux les astres nus se sont tus,
Quand les tressautements naissent ondoyant
d'écume,
Sous les frissons opaques pliés aux creux des
paumes,
D'où vient le parfum de tes draps en dérives,
dévêtus.

Au fond des sceaux le silence cambre les murmures,
Ourlés par l'écharpe opaline des mousses muettes,
Sur la pointe de tes lèvres s'enroulant en pirouette,
Couvées par le velours de mon cœur qui s'emmure.

Face au naufrage du sanglot qui gémit sur les dunes,
Chutant loin, vers le vaste infini tordu par les
aurores,

La tendresse frôle ta nuque devant mon âme qui picore,
Le temps qui passe, qui s'enfuit se confier à la lune.

Au ventre du vent

Entre les bras du ciel la nuée s'endort bercée,
Dévêtant les horizons qui luisent dans les yeux,
Quand le crépuscule vernit les songes heureux,
Soupirant vers l'au-delà de mon âme délacée.

Souffle coupé, le vent s'éloigne de mes peines,
Brise noyée dans le miroitement du souvenir,
S'évaporant devant les volets clos de l'avenir,
Où ton visage rieur dévore mes nuits sereines.

À l'ombre, l'abysse est délavé par la tristesse,
Lorsque le vent orphelin porteur de mirages,
Amasse les cris lourds qui brûlent les virages,
Écrasant dans son ventre les traces de faiblesse.

A la portée de l'abime creusé dans la poitrine,
Où retentisse l'écho sec, écrasé dans l'œil abattu,
L'émoi des mots s'ancre dans la chair du cœur nu,
Comme un fruit miellé par une bouche pourprine.

Auprès de ton cœur
(Dédie à Alain)

L'aube dévête la nuit, bourdonnant autour de son
joyau,
Blotti dans sa berceuse accrochée aux anciennes
étoiles,
Lors sous tes yeux éblouis par le tressautement de la
toile,
Naît le soleil d'un nouveau jour, tel un flamboyant
cadeau.

En ce matin, mon rêve s'enlise aux souffles de ton
cœur,
Et doucement, le regard reste suspendu dans son
immensité,
Pour qu'il dépasse cette lisière inconnue, sans
animosité,
Murmurant auprès de toi le soupir de mes bras
songeurs.

Aux creux du levant, les frissons enlacent le ciel de
juin,
Puis s'épousent sur les courbes des aurores
diaphanes,
Et leurs grains miellés s'affalent sur tes lèvres et
flânent
Au bout de tes doigts, déferlant l'écho des rires
taquins.

Sur les arpèges légers des rêves, flotte un nuage
perdu,

Tandis qu'aussitôt le vent brode d'or les nuances
veloutées,
S'attardant sur le bonheur, cherchant un bout
d'éternité,
Dans les torrents fougueux qui hantent les chemins
ardus.

Vers le rebord de l'horizon se penchent mes mots
marbrés,
Parmi ces feuillages qui se balancent enivrées de
nostalgie,
Quelque part attendant s'ancrer dans la lueur des
bougies,
Troublée par le silence ému des jours qui s'enroche
apeuré.

Sous le ciel tendre, mon étreinte s'enroule sans
s'abîmer,
Ainsi elle s'abandonne aux filaments d'opale, riant
de clarté,
Au-dessus de la cime ombragée cachant l'étoile
emportée,
Là où point l'amour d'une autre vie, où enfin je peux
t'aimer.

Élixir éphémère

En gouttes de plaisir la lune crépite l'élixir
éphémère,
Au loin, vers les lisières nues, gonflées par les
torpeurs,
Tandis que la nuit muette frissonne gorgée de
stupeur,
Avant que les étoiles s'effilent dans mon sourire
amer.

Tantôt, l'ébauche tracée du bout de doigts
funambules,
Défile sur mon front, soupirs sépia jouant à la
séduction,
Dans la lenteur des voiles déployées par la
prédiction,
Qui grimpe en fantaisie blanche d'un rêve
noctambule.

Les regards défont les nœuds du langage de nous
deux,
Et encore les chemins se plient aux creux de nos
mains,
Où les perles du bonheur éparpillent les paroles
vaines,
Vers le néant, qui nous bercent sous l'écorce des
cieux.

Aux confins voilés des ombres où les songes
reposent,

Là, où se brode l'éclat gracieux d'une bleue
silhouette,
Je reste suspendue, vêtue de ta bouche qui guette,
 Le vertige des cimes, l'ivresse des cendres qui
explosent.

Est-ce ta pensée?

J'ai bâti dans mon ventre, parmi les peurs affalées,
Le souvenir de ton sourire, greffe d'un joyau tendre,
Indomptable parfum de tilleul qui suit les méandres,
Chargés par le tumulte pleuré des branches calées.

Est-ce ta pensée qui frémit sous ma peau voilée,
Où baignent les mirages drapés des chants d'argent,
Qui se reflet dans ton œil lors le vent passe arrogant,
Éclaboussant l'insolent destin par des écumes ailées.

J'ai cueillit les songes entassés dans des corbeilles,
Quand l'étoile s'endort, tanguant en accroche cœur,
Alors que l'aube veille le soleil qui sème le bonheur,
Tissant le front du jour par le nectar où niche
l'abeille.

Est-ce ton âme empanachée de fièvres et rosée,
Qui ébranle mon ciel pâle, cernés par les nuages,
A chaque battement de cœur qui obéit au fluage,
Tel un oiseau gorgé par l'émoi de cimes interposées.

J'ai enterrée mes vers dans la douceur des roses,
Orfèvrerie dans ton miroir qui réveille les matins,
Comme une esquisse feutrée d'un amour libertin,
Sur tes lèvres, sans cesse, en lettres amoureuses.

Un jour, j'irai...

Un jour, j'irai cueillir du bout des yeux,
L'aube frissonnante en chants d'oiseaux,
L'arc-en-ciel délirant aux plis des cieux,
Les perles de rosée comme des joyaux.

Je m'en irai, loin des secrets brumeux,
Des larmes tristes, des chagrins abyssaux,
De l'étourdissement glacé d'un vent frileux,
De l'orée étouffée par les lierres de maux.

Un jour, j'irai chercher des flots écumeux,
La divine mélopée de cœurs jumeaux,
L'envolée en rires des matins lumineux,
Et les silences bercés de draps nuptiaux.

Je m'en irais, loin des torrents fiévreux,
De la fontaine pleurant les soleils déloyaux,
De ces baumes issus de soupirs fougueux,
Du calme frisée brisant les serments joviaux.

Un jour, j'irai trouver ton sourire délicieux,
La bénédiction du rêve qui frôle nos peaux,
La clairière où brûlent les encens des dieux,
Et l'ambre que la lune exhale dans les anneaux.

Vers toi

Vers ce regard où luit la lune ronde qui s'éveille,
Quand le ciel fleurit sous les célestes flambeaux,
Là où bruissent les horizons en doux sons abyssaux,
Mon cœur penche, chute dans ta main qui veille.

Contre les mystères des nuits vêtues de voiles,
Au fond de mes paupières ornées de coquillages,
Ruissèlent les songes sous une parure de feuillage,
Au-delà de doutes qui meurent en pluie d'étoiles.

Vers ce désir tendre qui trémousse l'aile de l'aube,
Porteur d'ivresse, perlant l'œil d'un souffle matinal,
Vient l'émoi de mes mots assoiffés, vacarme
infernal,
Déferlant sur ta peau mille éclats satinés et l'enrobe.

Contre les tristesses enlacées qui effeuille l'âme,
Virevolte épanoui ton doux sourire, béatement,
Comme un accroche-cœur, ondoyant lentement,
Éparpillant tendresse en perles d'ivoire qui pâment.

L'abysse des jours

D'un souffle éperdu, au loin, elle tresse l'horizon,
Dans son silence étoilé d'une immensité bleutée,
Pour qu'un nouveau jour frôle son âme déroutée,
Qui vacille sur la route isolée et pâlit d'abandon.

Parfois fragile, noyée aux creux de sauvages orages,
Blessée, elle s'oublie là bas, bannie pour l'éternité,
Lors la tristesse s'égoutte sous les paupières vidées,
Les matins deviennent frileux au cœur des
afflouages.

Des rives impénétrables, émois brisant l'abri sablé,
Quand le pas s'alourdi par les heures endolories,
Errant dans le désert alangui d'extase, d'euphorie,
Ficelant le fond du sanctuaire par ses rêves accablés.

Tel le vertige du néant qui marque l'orée des jours,
Devant l'explosion des aubes à la senteur de roses,
Où les étreintes azurées s'effeuillent en symbiose,
Elle rejoint l'écho qui travers l'espace de son séjour.

Vers le sourire des aubes

Dans l'œil du crépuscule le sortilège miroite,
Telle ma pensée qui ruisselle, perlant l'ombre,
Mêlée à l'étreinte des nuits tentée de sombre,
Lors le silence s'exile dans les mirages moites.

Mon regard cerclé se pose sur l'horizon blanc,
Où la nuée émue cherche l'étoile naufragée,
Au cœur des eaux calmes et passions imagées,
Traversant les dunes sablées, percées de flancs.

À la lisière alourdie par les éclairs des orages,
Naissent des lueurs qui font pâlir la belle lune,
En ce jour, dont le velours sauvage de la brune,
Affole le bonheur qui parle de toi aux nuages.

Il reste ce temps en feu battant dans l'horloge,
Qui tord mes bras vers le sourire des aubes nues,
Au fond de tes yeux, comme une perle ingénue,
Une goutte de miel, d'or, qui branle sur ma gorge.

Caresse lavande

En cette nuit gorgée de fièvres en bouquets,
Qui fait frémir l'œil d'une tendresse vorace,
Le ciel se tapisse de chants, ondulant de grâce,
Et le cœur scintille de joie comme un bleuet.

L'ivresse frôle les fissures nues des abysses,
Et les rêves fleurissent, O, esquisse de soie,
Sur les corps abandonnés, robe qui flamboie,
Sur la peau et le souffle, décor qui s'éternise.

Je sais la magie qui soupire et mord le soir,
Quand les draps se déchirent et l'âme erre,
Aux creux du sort qui danse sur les pierres,
Capturant le feu d'une larme dans le miroir.

Sous l'or qui vêt les murs lourds de silence,
Ton parfum s'effeuille sur ma lèvre brûlante,
Caresse aux arômes de lavande, troublante,
Éclat qui s'épanouit dans les regards rapaces.

Le dernier regard

Elle aurait voulu que les fontaines murmurent,
Lorsque le cœur se serre, affolé, criant aux heures,
Qui courent autour des bras déchirés qui pleurent,
Pour faire d'un émoi un bonheur qui s'emmure.

Elle aurait tant voulu atteindre tes sourires,
S'habiller de ces silences où résonne cette voix,
Qu'un léger chuchotis frôle encore une fois,
L'âme éperdue d'un vers qu'elle a osé écrire.

Elle aurait voulu renaître, frémir dans un baiser,
De ton écorce modelant une merveilleuse armure,
A l'arrivé des souvenirs escarpés, des écorchures,
Portées par le bruit des nuits vers des songes aisés.

Elle aurait tant voulu s'ancrer a l'abysse des yeux,
Fondre le soupir sous les paupières émerveillées,
Troublées par le roulis d'une tendresse éveillée,
A nouveau emportée au grès des frissons écumeux.

Elle aurait voulu prendre en cœur un coin de ciel,
L'ourler de flammes, déchirer sa blessure rouillée,
Garder les jours dans des étreintes verrouillées,
Secouer la cendre courbée par une caresse de miel.

Elle aurait tant voulu effacer son triste avenir,
Auprès de ton souffle brûler l'ombre des cimes,
Tandis qu'à l'orée des aubes la frénésie s'arrime,
Quand devant le dernier regard la grâce va la bénir.

Douceur sauvage

L'aube dort encore, la nuit émiette l'horizon,
Dévête l'étoile pliée aux coins de paupières,
Avant que le soleil cueillit le silence des prières,
Et que la terre dévoile son gracieux abandon.

La pâleur du jour enlace la soie d'un rayon fou,
Lors sur les courbes gonflées crépite la flamme,
La brise ensommeillée caresse les pierres calmes,
Qui se mirent dans l'œil des herbes, parfum doux.

Au loin, le regard troublé bouscule les mots,
Et la beauté marbrée s'égoutte dans la rosée,
Le désir glisse dans la corolle de sang arrosée,
Où l'éternel esquisse le mystère des flambeaux.

La pensée s'attarde à l'orée de nuages museaux,
Là où naît l'émotion d'une alliance entre contrées,
D'un frôlement chaud, d'une fleuraison feutrée,
Frissons en douceur sauvage à la pointe des yeux.

Dans leurs délires, les cieux jettent les sorts,
Caresses gourmandes, lèvres au goût cannelle,
Étreinte des corps, magie en notes charnelles,
Sous les draps brûlants qui cachent des trésors.

Le temps de plier le destin

Parfois, mes pensées brumeuses frétillent encore,
Sur le perchoir écorché, triste cadence funambule
Bruissant dans le désert des âmes somnambules,
Effilées en mille lucioles, colliers que le ciel décore.

C'était juste le temps d'un éclat et l'aube s'éveille,
D'un seul souffle elle cotonne les chemins
d'ancolies,
Mon cœur piétine, tourbillonnant de mélancolie,
Un hier dans la paume, fleur de sang qui sommeille.

Parfois, je perce les nuits du bout de tes doigts,
La voûte azurée tremble, la peau devient lagune,
Petite îlot coiffée d'eau torrentielle au clair de lune,
Entourée par tes bras songeurs, enroulée d'émoi.

C'était juste le temps de plier les toits du destin,
Au bord de ta lisière accouder l'étoile intemporelle,
Cambrant les chuchotis en parure couleur
d'aquarelle,
Face au hasard qui chiffonne ma chair dans son
festin.

Parfois, mon regard vibre sous l'écume, pendule,
Blotti aux creux des heures vides, collé à tes lèvres,
Telle une tranche d'ombre lascive qui gémit ivre,
Enfin, sur les parois miellées de ton cœur, il ondule.

L'âtre de mes songes

Tes yeux à la couleur d'une goutte de ciel,
S'enlisent, onde cheminant mon âme nue,
Quand le rêve se tamise sur la lèvre charnue,
Tressant les rires d'une vie poudrée de miel.

Je pense à toi. Tu as semé la fleur du destin,
Et ta voix, jadis, s'enfile à mon cou en perles.
De la tendresse qui ruisselle en beauté frêle,
Je sais ton souffle qui frémit d'un air libertin.

Au-delà du temps pâle qui dresse mes pas,
Il y a des larmes pendues à mes paupières,
Elles brillent sur les cils en tulle de guêpière,
Et tu avances, jetant les dés du sort aux draps.

J'ai vu mirer dans tes yeux mon coin d'azur,
La pensée a trébuchée, j'ai tranché les aubes,
Par les rafales des ailes, éventail qui enrobe,
Les bords des toits où mon songe te murmure.

Je pense à toi. Tu es la douceur de mes jours,
Le chœur qui foudroie les cloches muselées,
L'agonie dorée d'un trésor, orfèvrerie ciselée,
De l'écrin de mon âtre, où se couche l'amour.

Fais-moi rêver ce soir

Fais-moi rêver ce soir, que je trouve avant demain,
La lumière de mon chemin, les lisières d'évasion,
La caresse de saisons, la grâce de roses en éclosion,
La douceur expirée par les traces de tes mains.

Fais-moi rêver ce soir, que je me couvre un instant,
De cette magie qui jaillit en gouttes de tendresse,
Tressées aux bouts de mes cils, perles d'ivresse,
Glissant en frémissements d'un poème dorlotant.

Fais-moi rêver ce soir, que je retrouve ton sourire,
Goûter aux parfums de nous deux, balancer la lune,
Décoller un morceau de ciel, l'accrocher aux dunes,
Ne plus retrouver le retour, dans ton ventre mourir.

Fais-moi rêver ce soir, que je deviens ton délire,
Enrobe-moi de tes désirs, soit le velours des pages,
Tricotées par les moelleux nuages libérés de cages,
Lorsque le vent ronde près des matins qui soupirent.

Fais-moi rêver ce soir, et ce soir l'étoile viendra,
Danser devant l'aube, en clapotis de chandelles.
Ce soir rêver a l'envol d'une aille d'hirondelle,
Fais-moi rêver, dans tes bras, aux creux de draps.

Nuit orageuse

Les cris secs, gorgés de soif, les toits déchirent,
L'orée s'en va en lambeaux sous les rafales de pluie,
Quand l'orage éclate et le ciel de corail s'appui,
Contre les bracelets d'éclairs qu'on entend bruire.

Est-ce les perles d'eau que mon regard émaille,
Lorsque la lune à son déclin sanglote ses larmes,
Brûlée par les écorchures de la voûte difforme,
Grondée par de terribles tonnerres qui l'assaille.

Les bruits vifs assomment les vieux sommets,
Clapotis cristallins, joyeux, resserrent la terre,
Qui fleurit dans l'œil d'une douceur éphémère,
Au bord des ruisseaux où l'air devient gourmet.

Les coquillages frémissent, ornées de feuillages,
Aux creux du sablier, l'heure mouillée approche,
Est-ce la tempête qui c'est brisé contre les roches,
Où bien ta main sur ma peau courbée de sillages.

Poésie rebelle

O, poésie rebelle, mon arc-en- ciel,
Folie creusée dans mon étreinte fondue,
Frémis de bonheur, tendresse mordue,
Quand l'abandon est doux, émoi de miel.

Tourbillon de sens, ventre qui saigne,
Battant l'impatience aux peaux fébriles,
Épicée par la fraîcheur des âmes viriles,
À la frontière des sorts qui se résignent.

O, poésie rebelle, vogue, frôle le désir,
Ancre-toi aux rivières molletonneuses,
À la mémoire des fleurs cotonneuses,
Aux nuits étoilées frissonnant de plaisir.

Poésie va, défroisse le front du jour,
Sème mes grains aux pores de son écorce,
Blancheur diamantine, puissante amorce,
Où poussent déjà de beaux brins d'amour.

O, poésie rebelle, allume l'œil du soleil,
Qui sanglote, bouillonnement des veines,
Envole-toi, tisse en lui mon cœur de reine,
Et à l'aube un charmant tatouage vermeil.

Suspendue au chaos

Sur le visage muet, palpite l'âme en pleur,
Posée comme des pétales, escorte funèbre,
Douleur plongée au cœur plein de ténèbres,
Frissonnant son dernier souffle trembleur.

Au fond d'elle, les rêves expirent leurs chants,
Et l'aile du vent saigne en ombres de dentelle,
Le silence tendu de chaque pierre immortelle,
Devient chaos, sombres réverbères qui hantent.

Sur le chemin tortueux, tourmenté de malheur,
La nuit se meurt, désespérée, dans sa noirceur,
Hissant de sa parure l'étoile, froide demeure,
Où les serments se revêtent d'un faux bonheur.

Si lourd sur la poitrine, le poids voltige affolé
Entre les froissures et l'envie de sentir ta main,
Vivre, accrochée à ta peau, bonté souveraine,
Parmi les fantômes grimpant a mon cou étiolé.

Là-bas, où le bonheur plane

Le cœur trémule parmi les échos qui s'égarent,
Dans les plissures du temps, frêle feu des souches,
Ondoyant silencieux en frissons sur la bouche,
Lorsqu'aux bords du ciel crépite le rêve hilare.

Sur l'ombre peuplée des aubes las, l'œil se pose,
Comme une offrande, éclat en palette des bonaces,
Aux lisières feutrées, émaillées en bleue faïence,
Par la brise qui papillonne sur les matins écloses.

Au creux du miroir, un gracieux murmure s'éveille,
Une larme d'azur se dresse, tranquille, fébrile,
Déluge des bras, bouts des lignes grimpés en vrille,
Sur les corps serrés, effeuillés par des baisers
vermeils.

Je t'ai cherché à la croisée de mes chemins tordus,
Dans la mémoire de l'Univers, où l'âme gracile,
Telle une fleur qui s'épanouit sous la rosée docile,
Voyage satiné, un peu bohème, de mon désir ardu.

Dans ce petit havre oublie, mon bonheur plane,
En tourbillons légers, tangage des beautés nimbées,
Nacelle remplie de coquillages, d'étoiles flambées,
Au milieu des sables blonds où le mirage flâne.

Un jour je te dirais…

Si l'on devait se parler un jour, je te dirais,
De tout ce temps éloigné, d'émotions volées,
D'un bonheur infini mêlé aux nuits auréolées,
Caché au gré de frêles chemins que je bénirais.

Je te dirais comme les regards se sont brisés,
D'un vécu voilé, battant ses heures troublées,
Au fond des yeux délaissés, crépitant accablées,
Figées dans le ravin étroit d'un hier cicatrisé.

Si l'on devait se parler un jour, je te conterais,
La beauté, rosée déposée dans l'âme épuisée,
Tandis qu'au couchant l'étoile s'est déguisée
En grain d'éternité, près de toit que j'ouvrirais.

Je te conterais l'ingénue caresse du souvenir,
De ces mots liés à la voix pépiant leurs ombres,
Lorsque le ciel se déchire en larmes sombres,
Coulée à la frontière dorée par des sourires.

Si l'on devait se parler un jour, je te dirais,
Au-delà de tous silences, mes paroles froissées,
Brûlées au creux de ta main, cendres tissées,
Aux bouts de vies embrassées, que je garderais.

Je te dirais comme mon cœur aime s'adonner,
Aux doux frémissements des aurores fissurées,
D'une envie éphémère, en dentelle emmurée,
Des instants filant, du vide qui ne fait que tonner.

À mille lieues d'oracle muet

Les yeux mêlés aux silencieux abords des lisières,
Là-bas, où le soleil flamboie en parures de rubis,
Le souvenir se couche au pied de l'horizon bis,
Envahit d'un géant désert, gémissante poussière.

Âme repliée, fragile source d'où ruisselle la peine,
Quand autour du vide les rêves s'entremêlent,
Sous la lumière aveuglante des larmes qui hèlent,
Ce cœur rêveur, virevoltant sur les parois sereines.

Au seuil humide, le désarroi affleure l'interface,
Agonisant coin de vie, blessures raccommodées,
Par le fil d'un temps pendu aux taches démodées,
Dénouement forcé, grains éphémères à faire face.

Au bavardage lent d'une brise perlant ton front,
Mourant sous la caresse éventrée d'une encre bleue,
Il y a mes bras émiettés, éparpillés à mille lieues
D'oracle muet, où l'œil niche endurant l'affront.

De mon âme a ton cœur

Je me souviens ces silences porteurs d'ombres,
Sous les murmures du vent, pâles et profonds,
Et mon cœur allongé parmi les songes moribonds,
Dépouillés de leurs azur, tordues gerbes sombres.

Ainsi, sur l'âme où tremblent les astres de la nuit,
Entre la noirceur endormie et mon front lourd,
Jaillit ton sourire léger, doux frémis en chant sourd,
Petit souffle déposé comme une caresse alanguie.

 Sur le visage, mes doigts déferlés dans une prière,
Lorsqu'a la longueur du jour le soleil boit l'orage,
Et les griffes des fantômes percent les naufrages,
Blanchissant les murs où scintille l'œil des clairières.

Je me souviens, j'ai mis ton cœur dans ma poitrine,
Alors, émerveillée, j'ai pris de ta main un rayon
vernis,
Où bourdonne le bonheur, suaves ferveurs bénis,
Au-delà duquel mon âme penche vers la grâce
divine.

L'amour d'outre rive

Aux bruits du cœur, tels des pétales mystérieux,
Tatoués en moi, aux pores de ma peau embrouillée,
La nuit devient corbeille d'étoiles, beauté effeuillée
Par les cils étonnés des regards cernées et curieux.

Le crépuscule se dresse, surplombant le ciel courbé,
A la croisée des dunes poudrées par l'or des lunes,
Vers l'oasis des paupières veloutées, rousses lagunes
D'une saison brûlée a l'orée des horizons engerbés.

Près des éclats, l'âme survole l'infini diamanté,
Penchée sur la nuée blanche, couronnant les cimes,
Tombant en miroitement éthéré, en coulée sublime,
Au fond des corolles, bonheur dans le jardin
bleuté.

Au-dessus des plaies, aux pieds des lieux sacrés,
La rosée jaillit, réveil d'une destinée un peu bizarre,
Où les cœurs esseulés s'enrochent sous les amarres
D'un aveu muet, tordu, qui périt dans l'œil nacré.

En ces jours bénis où le soleil pleur le rêve damné,
L'amour éclot, sous la peau, comme une fleur
d'ancolie,
Sur le visage de parchemin se meurt la mélancolie,
Tandis que les vieux tourments se balancent
condamnés.

Effeuiller le bonheur
(Défi)

Dans le bleu clair de tes yeux, le ciel s'allonge,
Et je glisse telle l'étoile qui palpite dans la rosée
D'un matin doré, trempé dans mon âme posée
Aux confins du refuge de tes bras. O, doux songe.

Mon souffle se brise en effleurements vaporeux,
Bercé par le ruissellement de ta bouche troublée,
Douce mélopée naufragée sur ma peau sablée,
Où s'achève l'émoi, où luisent nos instants désireux.

C'est en petites gouttes miellées que l'été plonge,
Lors sur la voûte s'écument nos pensées enlacées,
Accoudées à ton cou, collier de joies romancées,
Scellées dans l'aurore d'un bonheur qui se prolonge.

Dans le calme de la nuit, au pied du lit amoureux,
Mes doigts si émus t'effeuillent jusqu'à l'ivresse,
Et mes mots mouillés s'encrent en vers qui caresse,
Ton corps suspendu en battements de cils heureux.

Nos cœurs en chœur s'ondulent, frôlant l'amour,
Dans ce silence de soie qui fait frémir ma lèvre,
Auprès de toi, le temps s'émaille d'éclats de fièvre,
Douceur couleur lavande semé aux carrefours.

Parfois, entre tes sourires, mes baisers soupirent,
Langoureux, comme des arpèges de mandoline,
Qui enclosent nos yeux noués dans l'aube opaline,
Au-dessus des mirages, là où l'horizon transpire.

Âme émiettée

Dentelle d'ombres, enfilée d'un souffle argenté,
Là-bas, où le ciel blanchit les promesses inachevées,
Leurs ailes portent l'âme, par la douleur enlevée,
Quand le ciel se met à tonner, saignant désorienté.

Âme bleue, tel un joyau, au-dessus du toit adulé,
Qui garde dans les cris de sa mémoire embouée,
Tous ces mots brouillés, toute la tendresse avouée,
Sur cette route étroite, ou vol des oiseaux troublés.

Dans ce calme qui trempe le creux des bras cirés,
Défile, en croix, la cadence des années rouillées,
Les souvenirs cotonneux pliés en fibres bafouillées,
Et même l'écho étrange, pleurant les rêves virés.

Tandis qu'un grand émoi étreint le vide outragé,
L'amertume s'ancre aux nuits opaques, embrumées,
Pour ne plus être tourmenté par l'agonie affamée,
A laquelle se collent les flancs des éclairs enragés.

Aussitôt, le désir secret arrose le temps chargé,
Par les frissons pendus aux branches dévisagées,
Au bout des sanglots épuisés et blessures soulagées,
Un dernier chant annonce enfin son départ égorgé.

Telle une caresse

Blottie dans ton sourire, je t'auréole des rimes,
Source si douce, hantée par l'encre des désirs,
Indélébile rêve où les draps se froissent de plaisir,
Bonheur exquis, qui de loin ne fait que la frime.

L'émoi s'égoutte, perlant l'œil d'une fine beauté,
Lors près des lisières, le vent pâle effleure discret
Ce jour d'automne, du bleuet amouraché en secret,
Tandis que le soleil pleure en feuilles biseautées.

Éprise par le frémis lent, nouée à ta promesse,
Qui fait fleurir sur ma lèvre des papillons vermeils,
Mon cœur épouse l'opalin éclat qui sommeil,
Aux creux de mes fossettes, telle une caresse.

Sur les ruines peuplées d'ombres, luit l'étoile,
Candide parure qui orne d'or l'autel des anges,
Scellant les nuits de jais d'un bouclier étrange,
Perçant d'amour la vie qui palpite et se dévoile.

Elle regardait...

Les yeux perdus, fardés par les teintes d'automne,
L'émotion aux bouts des doigts, les rêves dans l'âme,
Elle regardait les feuilles tomber, ébréchant la trame
Des cieux grisés, dévastés par la rage des cyclones.

La vie au bord des larmes, elle effleurait le souvenir,
Au-delà de tous horizons, de toutes lettres
chuchotées,
Du bruissement des vers murmurés, flamme dorlotée,
Qu'elle espère faire sienne devant l'intouchable
avenir.

Dans l'ombre, son regard s'écrase d'un songe
velouté,
La paix frisonne sous l'onde d'une fabuleuse
fontaine,
Ou seul le baiser tourmenté par ses lèvres
porcelaines,
Exhale le silence qui craque sous les corps envoûtés.

Une dernière romance s'évanouie au fond du cœur,
Amassant les mots, fièvres automnales en fusion,
Sous sa plume écorchée, ou naît le fruit de sa
passion,
Dans l'essence de la candeur d'un instant berceur.

Rêves fragiles

Comme funambule sur le fil de rêves fragiles,
Bras nus, âme penchée a tes paumes molènes,
J'erre parmi les flammes des aubes cantilènes,
Quand ta joue se pose sur mon cœur fébrile.

En ce matin tissé par des doutes silencieux,
Déserte la pensée, butinant l'aurore dénudée,
Et mon souffle vibre dans des étreintes soudées,
Déposées dans ton regard azuré, mystérieux.

Sous la mousse des nuages roux, posés au loin,
L'infini va se lever, bercé par la fraîche rosée,
Sous les éclats étonnés des feuilles interposées,
D'où ruisselle l'amour caché dans les recoins.

L'aveu s'envole, rayonnement orné des voiles,
Foudroyant les ombres, dépliant la vie livide,
Lors d'un seul flambeau fleurit l'aurore timide,
À l'orée des cieux saupoudrés d'or ancestral.

Tandis que les bras valsent en frémissements,
Comme autant d'émois pépiant leurs idylles,
Sur l'incarnat de ma bouche qui trésaille gracile,
Tes yeux s'éternisent en ingénus attendrissements.

A toi

A cette vague bleue, frémissante, contre ma chair,
Lors tes rires se pâment sur les rebords du cœur,
Et le miroitement de ta bouche en accroche-cœur,
Est si près de ma tempe, d'une douceur perlière.

A ce songe follet, tu es le feu brulant l'onde pure,
Qui vient nicher son chant sur les rivages des cieux,
Flamboyant en échos, pleurant la beauté des dieux,
Jusqu'à la fin des temps ensommeillant les blessures.

A ce regard, parti où dorment les nuits limpides,
Vers le silence tourmenté par je ne sais quel désir,
Quand sous tes mains meurt la grâce des plaisirs,
Naufrage des sens écumés sur mes lèvres torpides.

A ces baisers, épanchés au creux de ma nuque,
Ainsi renoués dans un collier perlé de velours,
Ourlant de fièvre les doigts entrelacés d'amour,
Sous les draps étoilés, amoureux, qui reluquent.

Sous les paupières ensommeillées

Éprise par la faiblesse des instants émouvants,
Âme noie par l'ondée d'une furieuse tempête,
Je vois dans le ciel de tes yeux qui se dévêtent,
L'amer de mes soupirs, projetés en flots mouvants.

Apeurée, cœur déchiré par des cyclones piqués,
Parmi ces images étouffées, drapées d'écumes,
J'attends aux sommets, là où la nuit s'embrume,
Juste le temps d'un rêve, d'un frisson paniqué.

L'océan gémit, s'agite et le navire frise ses amarres,
En rondes, tourbillonnant les lignes de ma voûte.
Sous le croissant de la lune émietté l'eau froufroute,
Et je coule dans ton cou, perle sur le chemin qui
s'égare.

Perdue, à l'écart de l'aiguille pendue à l'horizon,
Sur les bords mouillés, liés aux courbes de ta couche,
Ornée d'arabesques, de frêles étoiles en avalanche,
J'amasse les pas effilochés, parsemés d'abandon.

Emportée par les rêves qui tonnent sur les murs,
Lors les paupières sommeillent, vibrant effondrées,
Déjà loin, je respire le souffle de ta bouche feutrée,
Juste le temps d'un silence, d'un sourd murmure.

Tandis que la vague se glace d'émoi, l'œil tremble,
Et les doigts se dénouent de la danse des ombres,
Effleurant l'absence, le vent, les orages sombres,
Quand l'embouchure des aubes déferle et comble.

Dans la torpeur des jours

Des rafales de perles secouent les cloches du ciel,
Et le vent se sauve devant l'aube envahissante,
Sur les toits du silence piétine la rosée jaillissante,
Parure qui frétille à la lisière sous les rayons de miel.

L'éclat d'opale, en paillettes, cotonne les matins,
Au fond des draps, le regard respire la rose nichée,
Au creux de ta paume. Frissons à la peau accrochée,
Lors le baiser s'enroule dans le bonheur argentin.

Le cœur s'abandon, mon souffle baigne tes songes,
Sur ce chemin qui coule en moi, brûlant mes joues,
Quand le temps tamise l'heure cerné qui s'échoue,
Précipitée, au calice d'une caresse de cils, je plonge.

A la douceur des jours, l'azur accroche nos sourires,
Sur les doigts, le soleil éclose en poudre torrentielle,
L'horizon se plie et tricote des soieries démentielles,
Dans l'éternité qui fredonne ta voix, mon âme se
mire.

L'abîme aux bords des cils

Dans mes yeux, j'ai le destin qui se plie et se défile,
Comme les grains du chapelet, aux creux des veines,
Quand l'automne borde mes paupières, sans peine,
Frémis logés aux rides, gouttes de corail qui
s'enfilent.

Dans mon cœur, tu es penché en cerceau de feux,
Lorsque l'azur se couche en feuillettes de lumière,
Chuchotis qui s'ensommeillent dans des prières,
Sous les tonnerres du hasard, au chevet des aveux.

Dans mes mains, j'ai la clef brumeuse des horizons,
Cachée en bouts de chair, dormant en plis d'illusions,
Parfois fouillant les coins pour trouver un trou
d'évasion,
De trouble poussiéreux où l'amer joute dans les
buissons.

Dans mon âme, les pleurs s'encollent, puis
pendulent,
Recueillant le vide qui tombe glacé, dénudant la
peau,
Juste pour faire passer aux lèvres une treille d'eau,
Ombrage de pétales assoupis par les cils qui
ondulent.

Le temps du bonheur

Lorsque mon toit embrumé s'ouvre sur ta ligne de
vie,
Sous l'orage, je serais poser la délicate dentelle du
jour,
Au déclin des vertiges, aux rebords de ton regard
pur,
A l'émoi de l'infini qui fait bourdonner l'azur
d'envie.

Aux frémis satinés, l'émotion s'enroule et tangue,
Ton nom est dans mes veines ouvertes à tous vents,
Ainsi ma main épouse la tienne, tels les nœuds des
rubans,
Quand ton rire tresse des perles sur mes joues
dingues.

Dans le calme d'un assoupissement je sais la
candeur,
Murmures bleus fleurissent sur la peau du berceau,
Où le baiser s'écrase sur la hanche comme un sceau,
Et le silence vient gonfler la lèvre qui rougit
d'ardeur.

Dans le cœur brûlé de songes jaillit l'agonie
d'automne,
Et mon souffle devient paillettes aux creux du
couchant,
Coulée jaspées des feuilles dans un adieu
attendrissant,

Mon corps se vide, mes larmes se collent sur des icônes.

Sous le ciel d'octobre

L'âme s'écrase sur les gémissements d'automne,
Aux plis des feuilles écorchées soupir l'éclat des
yeux,
Qui s'encline devant la brisure des rêves amoureux,
Sous le ciel d'octobre où les nuées bourdonnent.

Du froissement des larmes naît l'étoile déracinée,
Devant le tressaillement des bruits maudits, sombres,
Quand le pouls dans son barbotement se cambre,
À l'onde éclaboussée d'où s'évade la nuit
acheminée.

Doucement, le regard respire la fatigante monotonie,
Lors, si triste, la flûte frémit ses notes dans l'air
feutré,
Gouttes de douleur, perles ambrées, déversent
délivrés,
Sur les feuilles mortes, tournoyant dans leurs
agonies.

Troublé par la frayeur de toutes les couleurs
agenouillées,
Mon cœur se réfugie auprès du tien, le froid s'est
défrisé,
Là-bas, tant des fois, j'ai naufragé entre les désirs
grisés,
Au plein de la vague, le baiser coule sa douceur
rouillée.

L'étreinte du cœur

Je me souviens encor le songe de mes heures
solitaires,
Quand le silence pousse le vœu aux limites du temps,
Aux souvenirs qui se confondent au parfum des
champs,
Aux creux des bras qui étreignent ma tendresse
élitaire.

Un doux regard repeint, à l'horizon, la toile des
aurores,
Penché entre les vagues voilées, emperlées de reflets
bleus,
Plongés au long de la peau, frémissant en saveur des
feux,
En brindilles de désirs sur le vernis des lèvres où
s'évapore.

En gouttes de baisers ombrées de dentelles
brumeuses,
Mes mots nus glissent, s'abreuvent à l'encre de ton
corps,
Tressant des bouquets des feuilles ambrées, follet
trésor,
Sous ton écorce, où mon écume ondoie lascive,
heureuse.

Au déclin du jour, l'âme fleurit aux notes d'une
symphonie,

Lors ma main fébrile accroche une perle d'opale à ton cou,
A l'eau de mes yeux se mire ton cœur, brodant mon chemin flou,
Où n'en finissent pas les caresses sous les doigts en agonie.

Dans la chaleur rougissante des nuits aux couleurs lavande,
Le souffle s'envole aux plis des lagunes, au ventre des cieux,
Quand les vents frileux détricotent les nuages ténébreux,
Pour que l'étreinte de ton cœur sillonne en ma sève gourmande.

Penchée sur l'abysse de tes yeux

En ces jours brumeux, effilés comme les cris des
lagunes,
Je viens m'abreuver à tes yeux azurés, toi mon autre
sang,
Lors tu tresse les gouttes de frémis en broderie
d'artisan,
Sur les dunes aux reflets blonds, tamisés en cernes de
lune.

La tendresse éclot en grume de lucioles, démentes
nuits,
Au bord des paupières saupoudrées par des baisers
bénis,
Où l'écorchure de l'âme frétille dans les puits gris de
l'infini,
S'encollant aux étoiles qui tombent sur les tuiles en
pluie.

Le cœur éveille le souffle qui se perd en points de
voûte,
Source jaillissante sous le corps qui se plie,
décousant l'air,
Dans l'ancrage des bras insérés au chuchotis,
délicieux flair,
Quand la poussière de mes mots se couche sur ta
route.

Aux toits des songes je pends les aubes, gerbes de
rosée,

Et à l'instant, mon pas te suit, brûlant le temps encordé
De tes prunelles mouillées, qui prisent l'azur de soie bordé.
En mailles de hasard, sur l'épaule tes lèvres se sont posées.

Ce n'est que moi

Sur ce chemin épineux, avalé par les pénombres,
Je scrute les rêves pâles, cueillant les mots vides,
Prés du tourbillon explosant dans un carnage avide,
L'âme s'en est allée, loin de la froideur du marbre.

Ce n'est que moi, ancrée aux frémis de la solitude,
Animée par les mirages, dispersée par l'alizé
infernal,
Par-dessus les lisières radieuses, ornées des voiles,
Face aux abysses où jaillissent les éclairs de
béatitude.

Un seul décor, obscur, vêtu par des pensées briguées,
Bouillonnant devant les ondes des regards éperdus,
Lors la vague devient roche à l'afflux des chagrins
ardus,
Subjuguant les frissons secrets des caresses
fatiguées.

Ce n'est que moi, douleur dans les arpèges des
cloches,
Vermeille des aubes rouillées, cachant des blues
ulcérés,
Ondine inconnue mêlée à la fragilité des jours
vénérés,
Tristesse en gerbe pleurée sur la splendeur qui
s'effiloche.

Sur cette route ténébreuse, ce n'est que moi, esseulée…

Au creux du brouillard

Au bord du précipice les regards somnolent,
Lors le temps cerne le soupir des nuits fébriles,
Voguant en solitaire sur les aiguilles mobiles,
Là où, un sursaut réveille le destin et l'affole.

Au creux du brouillard les cieux se précipitent,
Lascifs, ils éblouissent la blancheur nue des pages,
Qui sanglot désespérée sous la peau des âges,
Au fond de moi, de toi, silencieusement palpite.

En battements fragiles, les chagrins implorent,
Frémissements noués aux lèvres éclaboussées,
Suivant le crépuscule semé d'ombres troussées,
Là où, la fleur mourante gémit, l'espoir mordore.

Sur les murs tourmentés par les vents pensifs,
Les pupilles des réverbères tressaillent crispées,
Entre les bras des âmes muettes, de gris drapées,
Au-dessus des cortèges hantés par des rêves évasifs.

Devant l'autel de ta prunelle

Tandis que l'âme, triste, pleure dévêtue de lumière,
Le ciel troublé s'écoule, assombrit, sur le vieux
rivage,
Au couchant, un murmure enlace les pierres du
pavage,
Quand les feuilles, avec lenteur, meurent à la
frontière.

A l'heure tardive, la nuit songe aux teintes des aubes,
Oubliant le jour mordore qui bruine sur l'or, sur le
carmin,
Et le vent qui épingle la fleur, tombant sur le chemin,
Lors le froid sanglote parmi les ombres qui
l'enrobent.

Sur le visage endolori s'agenouille un rayon de lune,
Comme une tendresse, candide vague suivant les
rides,
Noués par la lourdeur des cris qui résonnent acides,
En chaque cœur qui sème le frémissement à la brune.

Que restera-t-il des éclats qui noient l'étoile rebelle,
Dans le ventre des cimes noircies, au fond du ciel?
Sens-tu la peau de toutes les blessures avides de
miel,
Qui soudain, délicat, se niche devant l'autel de ta
prunelle?

Au-delà des rêves

En silence, je butine ton sourire, douce lumière,
Plongée dans les abysses des jours ivres, apprivoisés
Par la caresse des aubes encollée à mes bras agatisés,
Où le parfum fragile d'encens enlace les ornières.

Émue, je coule dans ton cou en mille gouttes
frétillées,
Lors vient le soir et l'horizon se tranche sur les toits,
En rafales, le souffle se perd dans des tourbillons
étroits,
Tandis que, au coin de l'œil, l'ondée d'ancolie est
pointillée.

Sans bruit, je veille au milieu des ombres
vagabondes,
Le temps qu'un rayon de lune feutre la noirceur des
murailles,
Qui penche et hurle, sous le vent, sur les gerbes de
paille,
Dans un adieu glacé, ployé par l'ange aux creux des
ondes.

Bercée par le sort, je deviens la cendre des nuits
étoilées,
Au-delà de mes rêves, je m'allonge pour un dernier
soupir,
Afin de recueillir les serments d'un cœur qu'il faut
bénir,
D'un geste tendre, sans fracas, dévoilant sa douceur
exilée.

Sur la vague

J'ai trébuché, perdue, à la lisière de mon
inconsolable vie,
Frissonnant sur des chemins inconnus, sous un toit
incertain,
Quand la froideur du sort engourdit les songes
lointains,
Et les battements des silences s'éparpillent en pâle
envie.

Sur les pentes des versants, un parfum exquis
d'ambroisie
M'emporte, parmi les miroitements des aubes et
leurs ors,
Tandis que la brise renverse une larme d'aquarelle
sur le décor,
Recouvrant les peines démêlées dans leurs fuites
cramoisies.

La blancheur du matin agite les émotions des rimes
vernies,
Lors sur les bords d'un vers bleu, l'âme fleurit,
pétales dentelés,
Dans ce petit coin où le ciel d'ivoire joue sur les
nuages écartelés,
Et le bonheur, en reflets diamantés, déverse sa
perpétuelle litanie.

Il est des murmures, des clapotis, cherchant l'histoire
anéantie,

Aux creux des sourires moelleux, d'un baiser
passionné qui susurre,
Il est des mots tendres, couchés au croisement des
pas qui rassurent,
Glissant en vague des souvenirs sous la paupière qui
s'appesantie.

Songes empruntés

L'air ému vibre, balançant l'écho moribond des
cloches,
En ces matins lourdes, déchirés par des pleurs
silencieux,
Comme des soupirs qui branlent sous la caresse des
yeux,
Cachant l'éclat d'opale, lors sur les tempes la vie
s'effiloche.

Devant l'amer des maux râlant leur agonisante
tristesse,
Il est ce frisson qui me parle du temps, de ces rêves
brûlants,
De tous les sourires tamisés sur mes cernes livides,
trémulant
Sur les cils tressés en perles de frémis, pépins de
faiblesse.

Les pensées s'émiettent à l'orée des aurores moirées,
En filaments nacrés que l'encre teinte au-dessus des
cieux,
Sur le rebord des mots, le vent entonne son chant
mielleux,
Quand, de si loin, l'auréole tombe légère sur l'âme
étirée.

Sur les doigts encollés, le soleil creuse un sillon de
lumière,

L'azur frétille, ainsi, le souffle des paumes talonne le destin,
Paillettes de lucioles éclipsent le toit d'un bonheur clandestin,
Inondant le cœur par des morceaux de songe, logés à la lisière.

Sur le pierreux parcours

Au grès des silences fissurés sous l'ondée des
émotions,
Mon âme apprend à écouter la voix égarée du
bonheur,
Alors qu'au creux du gouffre ténébreux s'effrite le
cœur,
En murmures éteints, ancrés à l'innocence d'une
passion.

Au milieu des mots muets éveillant les nuits
solitaires,
Mes bras se couchent, sans bruits, derrière leurs
regards,
Pour faire taire l'étreinte des souvenirs, sans aucun
égard
A tous ces pensées déchirées, portées vers les orées
claires.

Au roulis des rêves cheminés d'une tendresse
escarpée,
Mon souffle se souvient d'un départ, pierreux
parcours,
Lors la tristesse épanche sa fragilité sur les parois des
jours,
Expirant secrets, parsemant émois sur les cimes
trompées.

Au sein des effluves envoûtants, esquissés sur la
peau,

Les contours perlés s'affolent sous les soupirs
effondrés,
Quand les saisies de mon ciel se tissent d'un gris
cendré,
Et le vent sème des grains d'étoiles aux bordes des
eaux.

Là-bas, près de chez toi

Je m'en souviens encor du bleu cueillit au fond de tes
yeux,
De ces abysses, où j'aimais bourgeonner au lever des
aurores,
Sous un ruban de rosée, aux creux des mains, beauté
sonore,
Lors sur la nuque, une larme d'azur glisse dans un
émoi joyeux.

Dis-moi, si là-bas, près de chez toi, le temps
submerge le vœu,
Au-dessus de ta couche où s'épanouissent les
illusions dorées,
Où les instants filent, embrasés, vers les frontières
évaporées,
Là, où naissent les caresses, quelque part, au grain de
ma peau.

J'ai gardé dans le cœur tellement des mots, des cris,
d'aveux,
Entassés les uns sur les autres, délavés par les flots
des absences,
En t'espérant dans l'ombre, dans un soupir, en
parfaite cadence,
Auprès d'un battement, suspendu à des frissons
cotonneux.

Dis-moi, si là-bas, près de chez toi, cascade l'éclat
gracieux,

D'un désir étincelant, brodant les nuits d'une coulée
d'étoiles,
Quand les paupières lourdes bercent la solitude des
toiles,
Comme si, aux plis de l'âme, s'agenouille le souffle
des cieux.

Comme un mirage

Les bras tendus vers le ciel, le cœur emplit des
songes,
Sous les bousculements des vents qui épouse mon
âme,
J'attends fleurir une gerbe de feu, dénouant la trame
Des larmes tièdes, tamisées sur les ailes bleues des
anges.

L'œil brillant de tristesse, attaché aux pas ailés du
vide,
Dérobe le jour, tourbillonnant auprès de l'aube
vermeille,
Lors aux bouts des doigts jaillit la volupté, O,
merveille,
Frêle chant qui perce la coupole mobile du ciel
candide.

Les pensées flottent sur les déserts blonds, endormis,
Emailés par l'ingénue beauté des myriades
diamantées,
Quand les gémissements écorchés des dunes
argentées,
Amassent les brisures courbées par la solitude qui
frémit.

Le silence est là, a la croisée des nuages, voilé de
blanc,
Comme un mirage nu, comme les soupirs d'une
morsure,

Contre le souffle emmuré dans les orphelines
blessures,
Avant que l'étreinte du crépuscule s'accoude sur les
flancs.

En onde lisse

En toi, j'ai implanté mon front noyé de solitude,
Quand au bord du cœur fleurit l'amour passionné,
Dans le tressaillement léger des rêves abandonnés,
Sous la lourdeur d'un battement tatoué de lassitude.

En toi, j'ai déposé la douceur de mon âme lavande,
Comme une caresse bleue sur les regards éperdus,
Lorsque l'aube s'exile, tel le souffle de mes désirs
ardus,
Dans ton cou, dans les baisers d'une douce offrande.

En toi, j'ai coulé en onde lisse, frémis de floraison,
En étoiles ruisselant sur le bout des doigts blonds,
En perles effilées qui frisent tes regards profonds,
Aux puits de tes cils où tremble la nouvelle lunaison.

En toi, j'ai ouvert mes paupières, brasant les nuées,
Éveillant les bouts de vie collés pour cotonner le nid,
D'une aile de tulle piétinant le ventre des cris
torrides,
Tissant l'envie, poudrée d'opale, sur ta peau
dénouée.

Quand le calme sonne l'alarme

Les yeux courbés par les chagrins te cherchent,
Au pied du ciel où brillent les gouttes de rosée,
Sous l'onde des émotions qui se pâme névrosée,
Au coin des lèvres où les tristesses s'écorchent.

Les sifflements du vent refroidissent le front crispé,
Et le visage s'attendri par l'éclat muet des larmes,
Quand le calme de l'ancienne blessure sonne
l'alarme,
Échos perdus qui tressaillent sur les murs jaspés.

Au creux du brouillard ton bras ondule mon rêve,
Lorsque le hasard sourit aux heures d'ambre ourlées,
Devant les silhouettes qui défilent en grappes
perlées,
Avant que, près de toi, les pages du sort s'achèvent.

Les jours s'effilent sous les pas du temps
débâillonné,
Le cœur frétille, s'abandonne aux chants des
lucioles,
Aux toits des aubes, le souffle s'enroule en notes de
viole,
Filées aux creux des paumes parmi des mots
papillonnés.

Joyeux temps de fêtes!

Je viens avec des étoiles de neige dans les cheveux,
Avec un froid glacé, de l'est, et des sourires heureux,
Pour déposer mon cœur d'amitié et des bisous doux,
Des mots qui dansent légers, tels les flocons
moelleux,
Au fond des poches avec de petits bonheurs
délicieux.

Je frappe la porte de vos cœurs avec ma petite
baguette,
Et je vous souhaite en cette fin d'année : Joyeuses
fêtes !
Santé, pour pouvoir avancer parmi les vagues
follettes,
Des joies et bonheurs à ne pas finir, comme c'est
chouette,
Des rêves à tourbillonner les aubes aux pores des
oreillettes.

Encore aimer, sans penser aux jours vides, c'est
précieux,
Oublier ce qu'il faut oublier, puis tresser le chemin
sinueux
Des passions, rires, frissons à faire trembler l'orée
des cieux,
Des silences aussi, lors le temps du bonheur est
orageux,
Des chants émus par l'ondée vermeille des matins
luxurieux.

Après, je partirais retrouver les ombres de ma
boulette,
Dans mon contrée, où le traîneau doré devient
fleurette,
Sur le tapi de neige qui cille au charme des nuits
muettes,
Au songe perlé, tamisé sur le calice de mon âme
douillette,
A l'acheminement du destin qui anime mon cœur
clochette.

Le temps d'un rêve

Sur les rebords flambés de tes silencieuses nuits,
Je me suis endormie, fouillant tes rêves étoilés,
Lors a l'abri du temps, sur l'encre des mots voilés,
Se sont brisé les grains d'une tendresse épanouie.

Dans l'écho de ton rire éclatant en perles de rosée,
J'ai tricoté de mes doigts mousseux tant de vers,
Effeuillant la trace de tes pas errant dans l'univers,
Et le délire des souvenirs arrachés aux ferveurs
osées.

Au pied de ta vie où se dentelle l'aube clandestine,
J'ai couru, soumise à la fatalité des secrets nacrés,
Aux ombres tièdes enroulées dans les mirages ocrés,
Aux fissures du cœur pourpré par la sève sonatine.

Dans les fentes grisées de ton ciel ouvert aux âmes,
J'ai mordu la lèvre du destin devant les dés batifolés,
Là-bas, où les roses se griffent d'un rouge affolé,
Et la brume oublie de se lever, obscurcissant la
trame.

L'âme, telle une larme

Abandonnée, au bord du songe, dans sa corolle,
Pétales en collier d'argent, un bijou inestimable,
Façonné à l'art délicat d'un orfèvre incomparable,
L'âme, à fleur de larmes, voltige au gré des paroles.

Voilée, face au temps, par le néant des années,
Par-delà de mots aliénés qui divaguent dans l'air,
Sur les fils raccommodés, vibrant dans les éthers,
A l'affût de ses rêves, infimes perles enrubannées.

Figée, en silence, dans l'obscur de braises éteintes,
Aux serments imparfaits vêtus de frissons secrets,
Elle est mirage auréolé traversant les cieux muets,
Aux confins des éclats galopant en douces étreintes.

Parmi le vacarme de la voûte elle a cru voir ta route,
Tandis qu'au loin les étoiles se sont crucifiées à
l'éternel,
Son émoi crépite fiévreux sous les pierres de l'autel,
Car la voie est longue jusqu'à toi lors l'envie
froufroute.

Miroir de l'âme

Miroir de toute une vie, miroir d'amour, d'amitié,
Tendresse du présent, peut-être espoir de demain,
Comme un cadeau tressé d'éternité, quel aubain,
Caresse des cieux, sacrifices mystérieux des initiés.

Sans un seul doute, aux moindres bruits d'étoiles,
L'âme est radieuse, ondulant son feuillage lumineux,
Chérissant les rêves, tanguant en émois floconneux,
Quand déverse, en trame de soie, à l'orée des toiles.

Ses larmes, frémissantes devant l'ondée matinale,
Se tissent en reflets dorés, effleurés par le soleil,
Qui plonge les teintes mordorées dans le vermeil,
Fontaine de jouvence qui épanouit la fleur
automnale.

Exposée au hasard, éperdue dans l'encrier de sa sève,
Elle dresse les mots sous les voiles des chants
volatils,
Où les baisers tressaillent, picorant dans l'œil subtil,
Lors la naissance d'une émotion devient béante
trêve.

L'amour en éventail et la candeur mirée dans l'âme,
Les années évanouis dans la lenteur fardée de blanc,
Elle enchaîne la déchirure de ses saisons aux flancs,
Parmi les bruissements, gémissant sa douleur infâme.

Table

Je t'aurais aimé 7

Pour toi j'inventerais 8

Voyage vers un ailleurs 9

Détour d'un frôlement de cils 10

De l'au-delà 11

Sourds frémissements fiévreux 12

L'adieu… 13

Je t'accorderais cette valse 14

Réinventer la vie 15

Ébauches 17

L'ultime sentence 18

Opalescente âme 20

Magie éveillée 21

Le temps d'une rencontre 22

L'âme égarée 23

Vers l'aube des yeux brûlés 24

Les vagues de l'oubli 25

La rosée de ton âme 26

Louange écumée 27

Sur les pas de l'infini 28

Ce jour en cœur de papier… 30

Le pilier d'un vœu éternel 32

Octobre pleure ses feuilles 34

Horizon embrumé 36

Il est tard … 38

Le baiser d'un souvenir 39

Aux murmures de l'attente 40

Quand ce que na pas été manque… 41

À l'entrée d'un rêve immortel 42

Au seuil du paradis   44
L'ingénue beauté   46
A l'aube du réveil…   48
L'exilée   49
Le dernier refuge   50
Là-bas, chez nous…   51
Vertige muet d'un sortilège   52
Comme un jour amoureux   53
Tel le bruit d'un commencement…   55
Au fond d'un frémissement   57
J'aimerais tant…avant de partir…   59
Dessine-moi l'espoir   61
Rêves naufragés   63
Âme brisée   65
Repeindre la vie   67
Je ne saurais te dire   69
Morceaux de vie   71
Code 23/57 – Alimanaha   72
Sous une gerbe de perles   74
Au creux d'un souvenir   75
Si un jour…   76
Emmurée quelque part   78
Quand ne sonne plus l'heure   80
Dans la pénombre de ton âme   81
La symphonie de l'existence   82
Cœur délavé   83
Aux regards éphémères   85
Rêves échoués   86
Le poids de ton absence   87
Ébauche faïencée   88
Je ne saurais…   89
À la lisière des songes   91

Âme décryptée 92
Si seulement… 93
Au-delà des rives 94
La rosée des regards orphelins 95
J'aurais aimé 96
Cœur de velours 97
Frôlements 99
Née de ton sourire 100
Là où ton nom c'est imprégné 101
Ton souffle, telle une empreinte 102
Éveillée par un frôlement 104
Grains de douceur 106
Tendresse éparpillée 107
Au ventre du vent 109
Auprès de ton cœur 110
Élixir éphémère 112
Est-ce ta pensée? 114
Un jour, j'irai… 115
Vers toi 116
L'abysse des jours 117
Vers le sourire des aubes 118
Caresse lavande 119
Le dernier regard 120
Douceur sauvage 121
Le temps de plier le destin 122
L'âtre de mes songes 123
Fais-moi rêver ce soir 124
Nuit orageuse 125
Poésie rebelle 126
Suspendue au chaos 127
Là-bas, où le bonheur plane 128
Un jour je te dirais… 129

À mille lieues d'oracle muet 130
De mon âme a ton cœur 131
L'amour d'outre rive 132
Effeuiller le bonheur 133
Âme émiettée 134
Telle une caresse 135
Elle regardait… 136
Rêves fragiles 137
A toi 138
Sous les paupières ensommeillées 139
Dans la torpeur des jours 140
L'abîme aux bords des cils 141
Le temps du bonheur 142
Sous le ciel d'octobre 144
L'étreinte du cœur 145
Penchée sur l'abysse de tes yeux 147
Ce n'est que moi 149
Au creux du brouillard 151
Devant l'autel de ta prunelle 152
Au-delà des rêves 153
Sur la vague 154
Songes empruntés 156
Sur le pierreux parcours 158
Là-bas, près de chez toi 160
Comme un mirage 162
En onde lisse 164
Quand le calme sonne l'alarme 165
Joyeux temps de fête! 166
Le temps d'un rêve 168
L'âme, telle une larme 169
Miroir de l'âme 170